Jailson Salvador da Silva

Milagres

Jailson Salvador da Silva

Milagres

Da taumaturgia ao cuidado

CREDO EDICIONES

Imprint

Cover image: www.ingimage.com

Publisher:
CREDO EDICIONES
ist ein Imprint der / is a trademark of
International Book Market Service Ltd., member of OmniScriptum Publishing Group
17 Meldrum Street, Beau Bassin 71504, Mauritius

Printed at: see last page
ISBN: 978-613-1-35494-6

JAILSON SALVADOR DA SILVA

MILAGRES:
DA TAUMATURGIA AO CUIDADO

1ª edição

Oliveira

SUMÁRIO

"Certamente, os milagres secretos que transformam de súbito
as situações mais difíceis são sempre dolorosos.
Mas, quando recusamos cada dia o milagre da santidade,
o único que depende de nós, por que pedirmos milagres gratuitos?
Transfigurar qualquer situação, por mais dolorosa que seja,
é o milagre que o cristão pode realizar cada dia"

Emamnuel Mounier
(Mounier e sua geração – 1940)

AGRADECIMENTOS

Ao Deus Trino que me agraciou com o maior dos milagres, a Vida. Dom de sua imensa Bondade para conosco.

À minha família Jair, Vicentina e Vitor que na arte terapêutica do amor encaminharam-me, com suas presenças saudáveis, garantindo o meu crescimento.

À Diocese de Oliveira, na pessoa de nosso Pastor Dom Francisco Barroso Filho, a quem é tão cara a terapia da alegria nos encontros fraternos. Gratidão filial pela confirmação da Vocação para o serviço a Deus.

Ao Pe. Antônio Márcio Alves Rodrigues por saber cultivar em mim, um interesse sempre crescente neste assunto. A fase heurística do trabalho permitiu-me vislumbrar o extraordinário no ordinário.

Aos meus amigos de turma e do curso de Teologia pela oportunidade singular de fazermos juntos a experiência do milagre de cada dia. Dentre os milagres cotidianos, cantamos as Maravilhas do Senhor na vida do nosso amigo Júlio (Diocese de Divinópolis).

Aos Padres Formadores do Seminário de Mariana e aos que na Arte do Acompanhamento Espiritual, ajudaram-me a enxergar a vida e as pessoas, com o olhar misericordioso de Jesus, que responde à Vontade do Pai, em Espírito e Verdade.

Ao Pe. Enzo dos Santos pela amizade partilhada na fase final deste trabalho.

Introdução

O tema-eixo escolhido, desde o início, foi o milagre. A delimitação metodológica conduziu aos milagres evangélicos de Jesus. O procedimento seguinte era, então, apresentar sua pertinência e relevância teológica. A temática da taumaturgia e da terapêutica tem sua pertinência por estarem articuladas aos mistérios da vida de Jesus, autêntico quadro interpretativo de sua compreensão divino-humana.

Tal intento implica numa análise de caráter bíblico, orientada na perspectiva hermenêutica, consciente de que não nos confrontamos com os milagres de Jesus em si, mas com os relatos dos mesmos. Mesmo que, haja um núcleo histórico com o qual cada relato mantenha contato, como uma transparência sinalizante, deve-se conceber o milagre como fato interpretado e não como fato reproduzido. Essa longa discussão se desenvolve em todo o I capítulo sobre a contextualização histórica dos milagres no universo escriturístico.

No II capítulo ver-se-á que, ao longo da História da Igreja são constantes os testemunhos sobre a continuidade da atividade terapêutica de Jesus, reconhecido como único médico (ιατρος). O ápice dessa concepção foram as fecundas contribuições de Agostinho de Hipona e de Tomás de Aquino. Estes se tornaram marcos referenciais para a discussão posterior.

Constata-se que nos três últimos séculos o tema do milagre divino provocou querelas acaloradas entre representantes das ciências de observação, de várias filosofias e de diferentes teologias ou religiões. Deste contexto, fez-se um recorte no qual figuram a crítica racionalista dos tempos modernos e os pronunciamentos do Magistério Eclesial, através de alguns documentos que julgamos importantes.

A parte sistemática atende à relevância teológica do tema. Pois, situa o milagre no ambiente de seu surgimento, e suas conseqüências na tessitura cultural em que a Igreja realiza sua Ação Pastoral. O pano de fundo da pós-modernidade provoca uma reflexão pastoral alentada, nos seus dois vetores: a identidade eclesial advinda opção evangélica e preferencial pelos pobres, subentendendo, a opção anterior pelo outro; e o desafio da concepção de milagre do pentecostalismo e o neo-pentecostalismo, gerando uma teologia, cristologia, pneumatologia eclesiologia própria, para uma fé institucionalizada da Igreja interpelada por um testemunho, no nível da atividade terapêutica de Cristo, mais concreto e libertador.

E finalmente, escolhemos duas áreas da teologia para discorrer. Primeiro a Teologia fundamental ou Tratado da Revelação dentro da qual apresenta-se o significado do milagre antes e pós Vaticano II; e segundo pretendeu-se emoldurar o milagre, enquanto fenômeno hermenêutico, para a dimensão experiencial da antropologia teológica.

Há uma vasta bibliografia sobre o assunto. Porém, os revestimentos históricos provocam desdobramentos bastante extensos ao tomar qualquer ponto da temática sobre os milagres. A delimitação escolhida nos surpreenderá ao comtemplarmos os Milagres de Jesus.

CAPÍTULO I:

A CONTEXTUALIZAÇÃO HISTÓRICA DOS MILAGRES NO UNIVERSO ESCRITURÍSTICO

1. A HERANÇA DO PRIMEIRO TESTAMENTO

Os evangelhos são filhos de uma cultura datada. Seguramente, os relatos evangélicos não existiam sob uma redoma impermeável, mas coexistiam em relação às contribuições advindas dos diferentes contextos, onde se produziam narrativas de milagres[1]. A tentativa eufórica, dos anos vinte, de encontrar a autêntica fonte de explicação dos relatos de milagre orientou a pesquisa em várias direções. A que nos enveredamos, parte de um crescente consenso na análise dos relatos, feito pela exegese atual[2].

Dentre as múltiplas abordagens e modos de classificar os relatos de milagre tanto no Antigo como no Novo Testamento, optamos por considerar três tipos básicos de milagre

---

1 Em nome de uma hermenêutica demitizadora que privilegiava o Método da Formgeschichte creu-se de maneira exacerbada que a análise literária poderia ser o guia absoluto para julgar as afinidades entre as estruturas literárias dos relatos evangélicos de milagre e dos prodígios atribuídos a Apolônio de Tiana, ou ao Deus curador Esculápio em Epidauro. Deve-se mencionar a suspeita acerca do conteúdo histórico levantada em nome da História das Religiões, por sua vez, concebia Jesus dos milagres revestido da influência helenística do homem divino para fins propagandísticos. Cf. FAUS, J. I. Gonzalez. *Clamor del Reino - Estudio sobre los milagros de Jesús.* Barcelona, Verdad e Imagen, 1981, pp. 82-102; "Milagre" LATOURELLE, R e FISICHELLA, Rino (Orgs.). *Dicionario de Teologia Fundamental.* Petrópolis, Vozes, 1994, p. 627. Há, ainda, paralelos semelhantes nas repercussões dos curandeiros e exorcistas famosos na tradição judaica, produção própria do período intertestamentário. SCHIAVO L. e SILVA, W. *Jesus Milagreiro e Exorcista* SP. Paulinas, 2000, pp. 75-82; VERMÈS, Geza. *Jesus, o Judeu.* SP. Loyola, pp. 73-86; COUSIN, Hugues. *Narração de Milagres em ambiente Judeu e Pagão.* SP. Paulinas, 1993. Vale citar a breve coletânea de relatos de Milagres fornecida por WEISER, Alfons. *O que é Milagre na Bíblia.* SP. Paulinas. 1978.

2 FAUS, op.cit. pp. 82-105.

referidos no AT. Os dois primeiros por serem principais: os milagres de beneficência, como os feitos surpreendentes atribuídos a Elias e Eliseu e o último, por serem prodígios de uma função demonstrativa, como o castigo de Heliodoro (2Mac 3).

A tentativa de encontrar a relação existente entre os relatos evangélicos de Milagre com o AT. encontra, enquanto possível, sua razão de ser na determinação das evocações narrativas, na contagem das citações seguida do exame do contexto, sua utilização e sua função. Depois, procede-se um levantamento das analogias quanto às disposições (dependências) dos relatos e a linguagem utilizada tendo em vista os reais pontos de contato[3].

Por fim, ficará a resposta acerca da curiosa intervenção dos evangelistas (ou dos escritores que os precederam). Acaso terão utilizado uma composição veterotestamentária? Que critérios de escolha foram adotados na triagem dos milagres do AT? Objetivavam dar aos fatos narrados, uma marca inspirada na Sagrada Escritura ou simplesmente não evoluíram literariamente as descrições de milagre?[4]

1.1. NOS EVANGELHOS SINÓTICOS

Os Sinóticos são bastante sóbrios nas evocações narrativas dos relatos de milagre. Não aparece nos objetivos teológicos de Marcos e Mateus nenhuma menção. Em Lucas, o discurso programático de Jesus na sinagoga de Nazaré evoca a ajuda de Elias à viúva de Sarepta e a cura de Naaman, o sírio leproso, por Eliseu[5]. Estes milagres constituem um dos temas favoritos à teologia Lucana em que os pagãos se beneficiam da Salvação.

---

3 A metodologia utilizada para a análise sobre a herança do Antigo Testamento nos relatos evangélicos dos sinóticos e João foi assumida da exposição de CARREZ, Maurice. La Herencia Del Antiguo Testamento. In: León-Dufour, X. (Org.). *Los Milagros de Jesús según el Nuevo Testamento.* Madrid, Ediciones Cristiandad, 1979, pp.49-60.

4 Tais questões mereceriam amplo debate, porém o autor deixa transparecer pelas indicações em seu escrito, somente as suas conclusões.

5 Lc 4,24-27

Os Sinóticos contém 53 citações, às quais, se devem acrescer os paralelos. Delas 35 estão incluídos nas palavras de Jesus, e 17 são apostilas dos evangelistas. Passamos a elencá-las para captar o seu contexto, utilização e função.

Das 12 citações comuns a Mateus, Marcos e Lucas, das seis comuns a Mateus e Marcos e das sete exclusivas de Lucas, nenhuma se refere a um relato de milagre.

Das cinco citações comuns a Mateus e Lucas, somente um caso se refere à atividade milagrosa (e messiânica) de Jesus. Trata-se do conjunto de textos de Isaías que forma a resposta de Jesus a espera do Batista[6].

Das 21 citações exclusivas de Mateus, somente 3 se referem a relatos de milagre ou a seu contexto. O reagrupamento mateano dos episódios milagrosos abriga as de Isaías e a de Oséias[7].

As citações de Mateus[8], abaixo, devem ser tomadas a partir de sua atual contextualização; as duas são introduzidas por uma forma estereotipada: "*para que se cumprisse o que fora dito pelo profeta Isaías*"; e sucedem os sumários de milagre.

a) Mt 8,17 = Is 53,4: "*Foi ele quem levou as nossas enfermidades e carregou sobre si as nossas doenças*". Em seu contexto atual, esta citação torna-se um testemunho que apresenta o significado dos acontecimentos anteriores. No entanto, sua função se estende para além do breve sumário que conclui o conjunto de milagres agrupados em 8-9: todos dependem desta frase de tom messiânico[9].

---

6 Consecutivamente: Is 33,5s; 29,18; 61,1s e 26, 19. Mt 11,4 = Lc 7,22s

7 Nos capítulos 8-9 aparecem as duas primeiras: Is 53,4 em Mt 8,17 e Os 6,6 em Mt 9,13[a]. A outra de Is 42,1-4 encontra-se em Mt 12, 17-21

8 Mt 8,17 e 12,17-21

9 Cf. nota "x" da Bíblia de Jerusalém referente a estes versículos; Ver, ainda, ORCHARD B. et alii. *Verbum Dei - Comentario a la Sagrada Escritura.* II Tomo Barcelona: Editorial Herder, 1960 pp. 475-476; BOVER J. M. - O' CALLAGHAN J.. *Nuevo Testamento Trilingüe*, BAC. 1977.

b) Mt 12,17-21 = Is 42,1,4: Esta citação segue-se a um sumário da atividade taumatúrgica de Jesus, parece ter sido escolhida em função do relato, influenciando o tempo no relato mesmo. Podemos assinalar de suas características, o ser a citação mais longa feita por Mt; a não correspondência ao texto hebraico, nem ao da LXX; o assumir do primeiro canto do servo os versículos do fazer negativo do servo; o triunfo do direito, embora faça alusões às nações, sublinhando a importância da conversão dos pagãos.

Portanto, Mateus, elaborando o contexto dos relatos de milagre, escolhe dois elementos dos cânticos do servo. Estes contribuem para traçar as linhas originais da figura de Jesus Servo. Com esta citação o evangelho destacou um dos seus temas preferidos: aquele que cura a multidão tem um segredo e convida a aprofundá-lo recorrendo às profecias de Isaías.

c) A terceira citação de Mt 9,13ª = Os 6,6, se insere também no vértice dos capítulos 8-9 funcionando como uma espécie de pólo interpretativo. Mateus recorda que Jesus convida a estudar a Escritura para descobrir o significado de seus próprios atos. A Escritura não deve ser examinada por si mesma, senão para compreender que sentido tem o comportamento de Jesus. Aqui se destaca sua misericórdia para com os pecadores: *"É a misericórdia que eu quero, não o sacrifício"*[10].

Por vezes, podemos não reconhecer nenhuma aparente relação entre um relato Evangélico e o Antigo Testamento. Todavia, no plano da disposição, existem profundas analogias. Estão dispostos, analogicamente, segundo identidade temática os relatos de ressurreição e os relatos de multiplicação dos pães.

No primeiro caso, reportamo-nos aos relatos da ressurreição da Filha de Jairo (Mt/Mc e Lc), da Ressurreição do Filho único da viúva de Naim e da reanimação da Tabita por Pedro. Todos eles conservam traços característicos que revelam uma série de contatos com os relatos veterotestamentários de ressurreição do filho único da viúva de Sarepta por

---

10 Os textos bíblicos citados seguem a Tradução Ecumênica da Bíblia - TEB. CARREZ, op. cit. p. 51

Elias[11] e do filho da Sunamita por Eliseu. Os relatos breves de Lc 7 e de Mt 9 tem pontos comuns com o relato breve de 1Rs 17 enquanto que os relatos logos de Mt 5 – Lc 8 se assemelham mais ao relato longo de 2 Rs 4.

As aproximações são as seguintes: as circunstâncias, ou seja, a morte do filho ou sua iminência incita a recorrer ao que pode fazer o milagre: Elias, Eliseu, Jesus, Pedro; a intervenção do taumaturgo em alguns episódios atua longe dos expectadores, em outros na presença dos pais e discípulos, ou mesmo diante da multidão.

Geralmente, a diversidade aparece quando a apresentação das circunstâncias ganha amplitude nos relatos longos, enquanto que os breves se centram na ação. Fato é que os relatos breves – vivos, precisos e catequéticos – apresentam todos a mesma disposição. Os longos, por sua vez, prescindindo do preâmbulo, são muito parecidos com os menores.

No segundo caso, vemos Eliseu realizando o milagre da multiplicação dos pães em favor dos filhos dos profetas. Embora sua significação seja diferente do milagre dos pães dos sinóticos, chamado a salvação e ao banquete eucarístico, a disposição evidencia grandes analogias: a fome é a dura realidade para os filhos dos profetas e para a multidão no deserto; Eliseu e Jesus desconsideram as objeções de seus companheiros e ordenam que o pão seja repartido; todos são alimentados, e sobram restos.

O contato de linguagem é um exame que nos coloca na aporia por perguntarmos: basta comparar os textos gregos dos evangelhos e da LXX ou deveríamos "retrotraduzir" o grego para o hebraico? Apoiamo-nos na opinião que aceita a proximidade do resultado satisfatório das fontes gregas, uma vez que tal, estudo não se restringe a repetições literais, mas, atém à tradução de termos diferentes de mesmo campo semântico.

a) No que se refere aos relatos de ressurreição, apresentaremos a contribuição, em paralelo, dos relatos mais chamativos. Observe no relato do jovem de Naím as expressões quase literais de 1Rs 17

---

11 1Rs 17,17-24

1Reis 17	**Lucas 7**
10 Partiu para Sarepta	11 Foi a uma cidade
E alcançou a entrada da Cidade.	12 Quando chegou perto da porta da Cidade.
Havia lá uma mulher, uma viúva...	..cuja mãe era viúva.
21-22 ... e a respiração do menino lhe voltou, e ele viveu.	15 o morto se assentou e pôs-se a falar
23 e deu-o à sua mãe	...e o entregou à sua mãe.

b) Os cinco relatos sinóticos da multiplicação dos pães e o de 2 Rs 4 tem em comum algumas expressões

2 Reis 4	**Sinóticos**
42 pães de cevada	Pães (Mt 14,17 par.; 15,34 par.;)
distribui-os aos homens para que comam	Daí-lhes vós mesmos de comer (Mt 14,16 par.)
43 Eles comeram	Todos eles comeram (Mt 14,20)
Houve sobra	E recolheram os pedaços que sobravam (Mt 14,20 par.)

c) Se compormos a recensão sinótica do relato da tempestade acalmada, podemos demonstrar a existência de contatos análogos com o relato de Jonas 1,3-16.

Jonas 1

3 encontrou ali um navio... embarcou
embarcou para ser levado
4 houve uma grande tempestade no mar
a ponto de a embarcação ameaçar despedaçar-se
5 Jonas deitou-se e dormia profundamente
6 O comandante foi ter com ele
Levanta-te; quem sabe Deus se
Lembra de nós e assim não perecemos
15 O mar ficou imóvel, acalmando seu furor.
16 Todos ficaram tomados de grande temor

Sinóticos

Subiu ao barco (Mt 8; Mc 4; Lc 8)

Enquanto navegavam (Lc 8,23)

Houve no mar uma grande tempestade (Mt 8,23)

A ponto de o barco ser coberto pelas Ondas (Lc 8,23)

Ele, contudo, dormia (Mt 8,24)

Eles se aproximaram (Mt 8,25 = Lc 8,24)

E o despertaram (Mc 4,38)

Socorro! Estamos perecendo (Mt/Mc/Lc)

Fez-se uma grande bonança (Mt/Mc/Lc)

A analogia no vocábulo e nas disposições dos relatos sugerem certa relação entre Jesus e um novo Elias ou um novo Eliseu. Vale dizer "*não se trata de meras repetições: a filigrana veterotestamentária transparece através de uns dados discretos, evocando na pessoa de Jesus um cumprimento que supera a realidade antiga e que se impõe por si mesmo*"[12].

Considerando o conjunto de relatos de milagre em Mateus e Lucas não se tem recordação de nenhum modelo veterotestamentário. Ao contrário, em Marcos parece haver um grupo de treze relatos agrupados em uma composição parecida ao ciclo de Eliseu[13].

Os milagres sinóticos, assim, comparados com o AT. são predominantemente milagres de beneficência. Ainda que na tipologia veterotestamentária dos milagres se queira enquadrar a tempestade acalmada na categoria de milagres grandiosos, como os do Êxodo, a intenção é mostrar a beneficência que salva os discípulos. Entretanto, não se pode prescindir de que a marca messiânica modifica o alcance dos milagres sinóticos: tem lugar no programa da nova era que Jesus inaugura, precisamente, com tais obras.

1.2. NO QUARTO EVANGELHO

Este procedimento metodológico se aplica adequadamente a um único relato e seu discurso: a multiplicação dos pães[14] . Este relato se mostra concentrado como veremos, contendo todos os indicativos de herança veterotestamentária.

---

12 CARREZ, op. cit. p. 55

13 Mc 4,35 - 8,26; 2Rs 2-7

14 6,1-15. 25-58

A evocação narrativa é uma clara menção do maná, relato do Êxodo 16. As alusões, porém, são abundantes, se tomamos o termo pão nas tantas qualificações que recebe. As expressões pão de Deus e pão do céu[15] condensam a contribuição de todo um arsenal bíblico:

- Pão do céu (Ex 16,4; Ne 9,15)
- Pão do céu (Sb 16,20b)
- Pão já preparado (Sl 78,24)
- Codornizes e pão dos céus (Sl 105,40)
- Pão dos anjos (Sl 78,25)
- Alimento dos anjos (Sb 16,20)

É notório, o número de alusões, supra, superando a única evocação narrativa do Êxodo. A imagem do pão permite a João introduzir um simbolismo que, por analogias antitéticas, vá destacando a oposição, tão familiar ao Quarto evangelho, entre as duas alianças.

O pão da antiga aliança é um alimento perecível que não preserva da morte, enquanto que o pão da nova aliança é pão vivo, pão da vida, alimento que permanece para a vida eterna. Não é Moisés, senão o Pai quem dá o verdadeiro pão do céu e o pão descido do céu é o mesmo Jesus. João aplica a hermenêutica do AT. cuja chave propôs explicitamente em 5,39.46, onde Jesus diz: "*São exatamente elas (as escrituras) que dão testemunho a meu respeito*"; "*se crêsseis em Moisés, creríeis em mim, pois é a meu respeito que ele escreveu*"[16].

No evangelho Joanino encontramos duas citações. A primeira 6,31b "*ele lhes deu a comer um pão que vem do céu*". Perguntam-se sobre que passagem se trata. Vários são os textos do antigo parecidos com a citação; porém nenhum coincide. Questionou-se muito se João nunca teria utilizado texto escrito do AT., dependendo somente de alusões, mais ou

[15] 6, 33. 50.
[16] CARREZ, op. cit. p. 57

menos explícitas, vindas pela tradição. Podemos considerar que o texto foi precedido pela tradição oral, com certa independência e diferença de acentuação da tradição sinótica, sobretudo nos discursos.

Ainda resta ponderar que a impressão pode ser fruto da liberdade com que João aplica o Midrash do Antigo Testamento.

O IV evangelho aplica a técnica literária de Fílon. A sabedoria e a Torá, simbolizadas ambas pelo pão que dá vida ao povo de Deus, pode ter influenciado João a apresentar a Cristo-Sabedoria como Pão que desce do Céu.

a) Tais contribuições que poderiam determinar o contexto original da citação cedem lugar à maneira com que João a apresenta. O diálogo com suas aberturas e "imprecisões" permitem uma leitura em profundidade.

b) Em Jo 6,45b = Is 54, 13 ocorre uma concentração na pessoa de Jesus de todos os traços relativos ao pão da vida, algo hostil aos judeus. O Jesus joanino afirma uma condição capital da fé – o Pai atrairá a todos e estes serão instruídos por ele. A função desta citação consiste em precisar quem é o doutor dos homens.

O relato da multiplicação dos pães se difere dos sinóticos, mas permanece disposto analogicamente ligado ao relato de milagre de Eliseu em 2Rs 4. São duas as coincidências de vocabulário, sendo elas, pães de cevada e o grego παιδαριον para designar o menino.

Há uma relação com Nm 11, 4.23 e Sl 78,29 sendo mais expressiva Nm 11 em que maná e codornizes são reinterpretadas teologicamente pela concentração pão-carne de 6,52-58 como tema eucarístico. O tema do maná somado à idéia do sinal em João faz o milagre referir-se ao tipo de milagre do livro do Êxodo.

Este milagre tem tempo e lugares precisos, mas mediante uma gradação ascendente, o dom do pão se identifica, no fim do discurso, com a pessoa de Jesus, pão verdadeiro: a ação doadora do Pai se faz permanente e o dom recebido se converte na vida definitiva.

2. A PERSPECTIVA DOS RELATOS DE MILAGRE NOS EVANGELHOS

2.1. OS MILAGRES DE JESUS SEGUNDO MARCOS

Nesta recomposição de perspectiva dos relatos de milagre a partir do evangelho de Marcos quer se descobrir dois elementos: as características dos feitos poderosos e significativos atribuídos a Jesus e a concatenação dos relatos de milagre no II Evangelho.

2.1.1. AS CARACTERÍSTICAS DO EVANGELHO DE MARCOS.

No tocante ao vocabulário utilizado por Marcos para designar o milagre encontramos três termos gregos δυναμιζ (obras poderosa), σημειον (sinal) e τεραζ (prodígio)[17]. A expressão, sinais e prodígios utilizada pelos Atos nunca é aplicada por Marcos a Jesus, algumas vezes, aos falsos profetas. Há uma rejeição por parte de Jesus ao pedido de sinal que venha do céu, feito pelos fariseus.

A palavra σεμειον (sinal), de uso raro, aparece, ainda, no final do Evangelho (16,17.20). Todavia, Marcos designa as atividades milagrosas de Jesus através da palavra δυναμιζ (obras poderosa). Deve-se reter que, ao descrever situações de cura e expulsão de demônios o evangelista convida-nos a saltar do ordinário para o significado salvífico dos fatos.

Uma classificação é viável e útil para marcar sentenças que emolduram as controvérsias (2,1-12 e 3,1-6). Decorre disso, a distinção entre os exorcismos propriamente dito, os que se acoplam à enfermidade e os milagres propriamente ditos. Porém, há

---

17 "Miracolo" HOFIUS, O. In: GIANFRANCO, Ravasi. *Dizionario dei Concetti Biblici del Nuovo Testamento.* Bolonha, Edizioni Dehoniane, 1989, pp.1007-1013

distinções menos perceptíveis, como às vezes, que se passa da enfermidade à possessão. Contudo, no segundo evangelho nem toda cura é um exorcismo, assim como, pensa-se a possibilidade de uma relação entre o relato de exorcismo e o relato da tempestade acalmada[18].

Esta compreensão se explicita à medida que aprofundamos especificamente o sentido do milagre para Marcos. Três expressões podem nos nortear: eficácia da palavra, simbolismo participante-aberto e poder unido a debilidade[19].

a) A clara eficácia da palavra é manifestada na ligação dos atos de poder com a palavra δυναμιζ. Os milagres não se destinam tanto a glorificar diretamente a Jesus ou autentificar sua mensagem, quanto a significar a eficácia de sua palavra. Conseqüentemente, esta é a semente da oposição que se estende nos encontros com os Doutores da Lei entre salvação cristã e ineficácia da lei.

Marcos raramente designa o conteúdo do ensinamento de Jesus, mas o fato dele ensinar é apontado com freqüência. Ilustra o exemplo do relato de exorcismo em 1,21-28. Jesus não apresenta outro ensinamento que o próprio exorcismo. E a reação dos expectadores foi a de estarem diante de um ensinamento novo, cheio de autoridade. Em contra partida, o ensinamento da lei na sinagoga era claramente impotente para libertar o possesso.

---

[18] Na tipologia dos Milagres, embora discutível, reservamos o termo exorcismo aos casos em que o demônio é o antagonista do taumaturgo. Tem-se tanto a cura como o exorcismo como duas operações libertadoras que exprimem a mesma coisa: o advento do Reino de Deus. Isto se deve à mentalidade da época que atribuía facilmente doença e pecado a Satanás. A fé, portanto, seria a mediação que diferencia a atividade terapêutica de Jesus: no caso do endemoninhado passivo e alienado torna-se impossível pedir a fé; no caso do doente a fé é exigente mediadora. LATOURELLE, op. cit. pp 630; SCHIAVO, op. cit. pp. 53-65. 88-93; VERMÈS,op. cit. pp. 63-73; GRELOT, Pierre. *Los milagros de Jesús y la demonologia judia.* In: LEON-DUFOUR, op. cit. pp.69-72

[19] LAMARCHE, Paul. *Los milagros de Jesús según Marcos*. In: Leon-Dufour, op. cit. pp. 207-219.

Na instituição dos doze a eficácia da palavra aparece como parte integrante da missão recebida, nesta frase lapidar "*para os enviar a pregar, com autoridade para expulsar os demônios*" (3,14). Com esta chave interpretativa, o milagre no II evangelho expressa a eficácia da palavra, ou seja, a eficácia salvífica de uma palavra de fé.

b) Embora se atribua ao evangelho Joanino o status de evangelho simbólico, não devemos desconsiderar o alcance simbólico dos milagres dos sinóticos. A percepção geral do leitor de Marcos é que sua preocupação reside em construir a sua maneira um relato concreto e detalhado. Entretanto, subsiste um convite à superação do fato bruto pelo sentido simbólico. E isso não é tudo, a palavra símbolo se faz horizonte e desafio devido às imprecisões, como também, as suas múltiplas significações.

A compreensão simbólica de Marcos nos arremessa ao sentido profundo do símbolo que vincula intrinsecamente significante e significado: o primeiro, premissa para o segundo. Apesar da transposição necessária à experiência simbólica, significante já participa da realidade significada. Podemos cunhar assim a expressão *símbolo participante.*

Marcos atribui ao símbolo participante uma importância fundamental. Tomemos como exemplo uma cura corporal. Não nos arremessará ao nível espiritual simplesmente. Entender-se-á como o Cristo que exerce seu poder messiânico contra forças adversas. Tal vitória, por efêmera que pareça, relaciona-se com a definição de salvação total e definitiva. Deste modo, ao realizar na história concreta dos homens, o poder de Deus que atua em Cristo, os milagres anunciam, preparam e inauguram o futuro. O que interessa, portanto, são as δυναμιζ (obras poderosas), e não, o resultado da ação. O núcleo do relato é o poder que atua, poder divino capaz de transformar o homem interno e conformá-lo em corpo e alma, a imagem gloriosa de Cristo.

Além disso, deve-se entender o milagre como um relato concreto, não susceptível a alegorias e mais um convite a seguir o movimento de abertura inaugurado. Os relatos assemelham-se a abertura de um ângulo muito agudo: no começo a distância que os separa dos dois lados é ínfima, mas basta prolongá-los para chegar aos espaços mais dilatados.

c) O pensamento exato de Marcos sobre o milagre se completa no binômio Poder-Debilidade. Ao mesmo tempo, que os relatos irradiam o aspecto milagroso ou seu significado aberto numa experiência de participação antecipada da salvação futura. Há um entrecruzamento de luzes na valorização dos aspectos humilde e limitado nos relatos de Milagre. Segundo a pedagogia de Marcos, utilizada na organização do seu Evangelho todos os relatos estão sob o silêncio do segredo Messiânico. Existem ainda algumas restrições relativas ao poder milagroso de Jesus[20]. Há um desaparecimento crescente dos milagres na segunda parte até a ausência na paixão. Na cruz, a imagem do "Jesus abandonado" sugere a impossibilidade em que se encontrava de fazer milagre em seu proveito[21].

Neste modo de ocultar os milagres, através do segredo messiânico, Marcos cria um complexo de representações, reunidas e sistematizadas, que permite uma gama de interpretações igualmente legítimas. Optamos por nos fixar em dois pontos: a) a humilhação de Jesus durante toda a sua vida revela aos homens o verdadeiro rosto de um Pai fraco diante da sua criatura, humilde e impotente perante a liberdade dos homens. Mesmo que no apêndice[22] receba do Pai todo o poder de salvar os crentes; b) Jesus que deverá receber do Pai o poder salvífico já é misteriosamente, Messias e Filho, investido já de um poder significativo. Ao contrário, o que ele viveu na humilhação de sua vida e de sua paixão não teria a força de uma revelação sobre o ser de Deus nem seria um caminho autêntico para chegar ao Pai[23]. Mergulhar os relatos de Milagre no segredo messiânico e outros limites favoreceu ao II Evangelho apresentar uma visão equilibrada do Mistério de Cristo.

Após elegermos essas lentes para ver os relatos, resta-nos descobrir o movimento que concatena o conteúdo dos relatos progressivamente.

---

20 Mc 5,6-10; 6,5; 7,34; 8,23-25

21 Os milagres, enquanto dialética do poder-impotência, da glória-humilhação de Jesus, são o lugar de uma opção dramática. Estes por sua vez são inseparáveis da cruz. LATOURELLE, op. cit. p. 632.

22 Mc 16,6.19s

23 LAMARCHE, op. cit. p. 212

2.1.2. ENCADEAMENTO DOS RELATOS NO EVANGELHO

Consideremos o evangelho dividido em duas grandes partes[24] tendo como vértice a confissão de Pedro. A primeira parte, subdividida em três seções, desenvolve o mistério de Jesus em sua missão.

A primeira seção (1,14 a 3,7) descreve Jesus buscando os verdadeiros meios pelos quais cumprirá sua missão. Os quatro primeiros discípulos chamados, continuarão a ação de Cristo. As ações são os relatos de exorcismo, cura da sogra de Pedro e as múltiplas curas. Os relatos permitem duas leituras, a saber: uma leitura prefigurativa, da qual deduzimos, a vitória de Cristo sobre os poderes que aprisionam o espírito e o corpo do homem; a eficácia da palavra se opõe a ineficácia da lei sendo que na casa de Pedro (Igreja) o ressuscitado reanima o crente. E outra, leitura concreta, na qual tem-se que, esta vitória constitua um elemento da missão messiânica de Jesus e instauração do reino, a liberdade total e profunda de ir ao Pai por Cristo está enfraquecida. O paradoxo ilumina o segredo messiânico e a ruptura ou mudança de rumo (1,38). Seguem-se o relato de cura dos leprosos. A cura não só dos inimigos do homem, mas do homem com tudo o que nele escraviza a liberdade; o relato do perdão de Levi e os pecadores leva à afirmação da novidade de Cristo. Nas controvérsias descobre-se a incompatibilidade da lei com a novidade de Cristo; a ruptura é conseqüência natural – "*comer com pecadores, cura no sábado*". Esses milagres instauram uma nova hierarquia de valores que revela o ser de Deus, o sentido da missão messiânica e as aspirações do homem. A opção fundamental delimita uma concepção distinta de Deus e da lei entre Jesus e seus inimigos. A partir daqui Jesus está condenado à morte[25].

A segunda seção (3,8 a 6,6ª) apresenta Jesus enviando os discípulos para prosseguir sua missão. Os desafios ganham dimensão e o fracasso é cada vez mais real. A menção do exorcismo na pregação missionária dos doze é expressão do anúncio eficaz da salvação (3,14). O relato catequético da tempestade acalmada (4,35-41) prefigura as tribulações que

[24] 1,14 a 8,30 e 8, 22 a 16,20.

[25] LAMARCHE, op. cit. p. 214

acompanharão Jesus e os discípulos. Funciona, ainda, como o conteúdo da fé dos discípulos: o verdadeiro crente seguirá através da paixão, consciente da salvação. A cura do possesso de Gerasa (5,1-20) é compreendida na chave do binômio Poder-Debilidade. O aspecto acidental da cura do endemoninhado cede lugar ao poder de Jesus capaz de vencer os demônios, mas impotente diante da liberdade rebelde dos homens rejeitam a presença de Cristo. O Cristo revela a profundidade de sua missão messiânica, como também, a de seu amor humilde e humilhado para os homens. A cura da hemorroíssa e a ressurreição da filha de Jairo (5,21ss) evidenciam o poder de Jesus abarcando a impureza ritual e a morte. A colocação dos relatos mencionados nesta seção são paralelos, cheios de oposições, típicos do método rabínico quando se expressa a idéia da totalidade. Por isso, pode-se dizer, a ação salvífica de Cristo não tem limites. Embora seu país seja incapaz de o reconhecer, aparentemente o seu fracasso iminente, isso, revela o respeito do enviado de Deus pela liberdade humana.

Na terceira seção (6,6b a 8,30) predomina o martírio do precursor e as duas multiplicações dos pães. Trata-se de um convite a aceitar o mistério da paixão e a transmissão do poder de Jesus. As multiplicações dos pães em seu aspecto universalista, trazem a idéia original da abundância dos dons outorgados pelo Messias, à multidão dos beneficiários. Neste caso, representados pelo judeus cristãos e os helenistas. O horizonte do relato é o banquete escatológico, mesmo que se refira a fé, a existência concreta e a eucaristia. Jesus caminhando sobre as águas é uma espécie de segundo painel do díptico pascal. Manifesta o poder do ressuscitado. Os dois milagres que antecedem à segunda multiplicação dos pães marcam o universalismo da salvação frente os pagãos que saem contando as maravilhas de Deus. Os gestos de poder e a realidade concreta devem se articular para configurar o milagre evangélico autêntico (8,11). O próprio Cristo avança, nesta compreensão, quando nega os sinais dos céus aos fariseus e ajusta as visões do cego de Betsaida e de Pedro.

Na segunda parte do evangelho de Marcos[26] os milagres se tornam gradativamente mais raros até desaparecerem, para Jesus na cruz, que se impôs a incapacidade de se salvar.

---

[26] 8,22 a 16,20

Parece que Marcos deseja fundar a fé dos leitores nas δυναμιζ (obras poderosa) de um Jesus impotente.

A força do II Evangelho repousa no movimento de certas oposições que é preciso não deslocar, nem simplificar: é um Cristo poderoso que se abaixa e a um Cristo débil que recebe de seu Pai a plenitude do poder a fim de que sua palavra, confiada aos discípulos, seja salvificamente eficaz. Alguns raros atos de poder aparecem no contexto da paixão. Jesus ressuscita o menino possesso que os discípulos por estarem, ainda, de fora do mistério da paixão não resolvem. Os sinais e poder, que estão no capítulo dezesseis, já não são obras, mas sinais realizados pela comunidade dos crentes. A novidade teológica é que o Cristo fonte de sinais os confia tanto aos doze quanto ao conjunto dos crentes.

A impotência de Jesus diante da dureza de coração dos homens, do salvar-se a si mesmo constitui uma revelação que lança sobre Ele e sobre o Pai uma luz definitiva. E assim, o verdadeiro alcance dos milagres manifesta a união indissolúvel do poder e a debilidade divinas. Dito de outro modo, a debilidade de Cristo é o que permite verdadeiro sentido a seus atos de poder e vice-versa.

Contudo, vale notar que, os milagres em Marcos, embora incluam um aspecto simbólico, não podem separar-se nunca de uma realidade concreta, que é a da história humana do Messias já condenado; e por isso os milagres não são meramente ações repercutidas, mas sinais da eficácia dessa Palavra que nos revela a um tempo, a debilidade de Deus para os homens e seu poder para salvar os crentes"[27].

2.2. OS MILAGRES DE JESUS SEGUNDO MATEUS

Mateus apresenta o Cristo como o "*Messias da palavra e da ação*"[28]. Isto se deve a dois aspectos marcantes desde o início de sua vida pública: o discurso programático da montanha no qual comunica o ensinamento magistral de aperfeiçoamento da lei mosaica

---

27 Ibidem., pp. 218-219

28 A definição é assumida de W. Grundmann. Cf. LÉGASSE, Simon. *Los milagros de Jesús segùn Mateo*. In: LEÓN-DUFOUR, op. cit. p. 221ss

(cap. 5-7); e uma série de episódios milagrosos inaugurando em sua própria pessoa a era da cura e do perdão (cap. 8-9).

Na fronteira entre o compilador e o autor original, Mateus se vale literariamente de alguns dados (λογια) pertencente a documentação de autores anônimos, conhecida também por Marcos e Lucas[29]. Deste modo, se insere numa sólida tradição, a qual, em comparação com Marcos e Lucas realizou-se um tratamento original dos elementos recolhidos como também as intenções específicas do autor.

Para obter o objetivo de instruir e exortar, o evangelista, cria um determinado tipo de redação, na qual Cristo é o mestre de uma doutrina. Por isso, a organização das sentenças em discursos ou os relados de milagre visam proporcionar no leitor diretrizes de acordo com as exigências efetivas da vida cristã e a formatação da obra, em estilo didático, apropriado à memória.

Trataremos, sucintamente, das principais características de Mateus nos relatos de Milagre, e em seguida, explicitaremos os elementos doutrinais implicados no texto: o tema cristológico, o tema da fé e o tema eclesial.

2.2.1. A FORMA LITERÁRIA DE MATEUS

A forma literária dos relatos de milagre mateano comporta um tríplice fenômeno. A primeira marca é a redução do elemento narrativo; a segunda, a ampliação dos discursos; e a terceira, a esquematização do conjunto de acordo com um tipo concreto que volta durante o evangelho.

Podemos parar em alguns sugestivos exemplos que aclaram cada uma das afirmações. Quanto à redução do elemento narrativo destacamos o episódio do possesso de Gadara. Sintetiza a descrição espetacular de Marcos 5,3-5 numa frase que diz "*eram tão*

[29] SEGALLA, Giuseppe. *A Cristologia do Novo Testamento*. SP., Loyola, 1992, pp.73-76 ver ainda CABA, J. *De los evangelios al Jesús histórico* p. 371ss; LATOURELLE, René. *Jesus Existiu? - História e Hermenêutica*. Aparecida, Santuário, 1989. pp. 93ss. 127ss.

perigosos que ninguém podia passar por aquele caminho" (8,25). A cifra de aproximadamente dois mil porcos (Mc 5,13) foi abreviada na expressão numerosos. O número de versículos que compõem os relatos da filha de Jairo e da hemorroíssa cai de vinte duas em Marcos para oito. Nada se fala das decepções da hemorroíssa com os médicos (Cf. Mc 5,26), nem sobre as circunstâncias da cura (Cf. Mc 5,29-33). Mal acabara de despedir a hemorroíssa, já chegara a casa do notável, então omite-se o intervalo que supõe Mc 5,35-37.

Porém, este aspecto esquelético e sempre reduzido contrasta com as amplificações que Mateus introduz no elemento discursivo. Detendo-nos o episódio do centurião de Cafarnaum, vemos uma inclusão de uma solene declaração de Jesus que procede sem dúvida de outro contexto (Cf. Lc 13,28s). Observa-se uma reelaboração análoga em Mateus 15,22-27, em que o episódio da Cananéia, reescrito em forma tripartida e graduada, incorpora a sentença sobre as ovelhas perdidas da casa de Israel (cf. Mt 10,6). Tudo concorre para que apareça o ensinamento do relato[30].

O último aspecto é perceptível através de um olhar agudo sobre a justaposição de relatos similares dando a entender certa esquematização. O necessitado se aproxima de Jesus, se prostra diante dele, apresentam-lhe o enfermo; as introduções e as conclusões estão relatadas em termos quase idênticos[31].

O método de elaboração literária dos seus relatos impõe regras ao texto, retiram as margens para a imaginação de seu leitor, prefere fórmulas estereotipadas, diminuindo a vivacidade do texto a fim de servir a seu objetivo: reelaborar as fontes destacando numerosos pontos doutrinais mais facilmente transmissíveis. Mateus faz convergir os seus relatos de milagre para uma autêntica catequese sobre diversos temas cristãos[32].

Os temas podem ser apresentados em três âmbitos interrelacionados, a saber: a) Mateus exalta o poder divino de Cristo e situa seu exercício na história da Salvação; b) o

---

30 LÉGASSE, op. cit. p. 222

31 Comparar 8,13; 9,22b; 15,28b; 17,18c. Idem.

32 Ibidem., p.223

papel indispensável da fé para quem quer aceitar os efeitos dessa ação soberana; c) ressaltando os discípulos, dirige uma mensagem coletiva à Igreja como tal, instruindo-a sobre seu destino e missão.

2.2.2. A CRISTOLOGIA DE MATEUS

Tomando o mistério de Jesus, Mateus enfoca a transcendência do salvador multiplicando, durante sua vida terrestre, os testemunhos de sua filiação divina[33].

O evangelista lança mão de alguns procedimentos, explicitados supra, para atingir sua meta. Há uma clara convergência para a pessoa de Jesus. Os muitos personagens dos relatos paralelos desaparecem, como na cura da sogra de Pedro, figurando, ao final, somente Jesus e a enferma, que uma vez curada serve somente a Ele. Ou quando chega à casa do notável, dispensa a companhia dos pais, dos discípulos (Cf. Mt 9,5; Mc 5,40) e da multidão que permanece de fora. Mateus opta pelo enfrentamento radical de Jesus frente à morte.

Para demarcar a personalidade do ator principal, o olhar de Jesus é apresentado como uma habilidade que rapidamente se dá conta da situação. No relato temos que ao entrar na casa de Pedro: Jesus viu... (8,14) ou ao chegar à casa do notável: vendo... (9,23)[34].

No caso da intervenção de outros atores teremos um efeito idêntico. No relado da cura, o evangelista, marca a distância entre aquele que solicita e Jesus, por meio de um preâmbulo (8,2). Neste, ocorre o aproximar-se (προσερχεσθαι) respeitosamente de Jesus, indicando, ainda, a dignidade do Filho de Deus. Depois, segue-se o gesto da prostração, como reconhecimento da origem transcendente de seus poderes.

Mateus, em certo sentido, aplica a mesma técnica do segredo messiânico de Marcos. Porém, este é ineficaz. O segredo Mateano é uma forma original de traduzir o paradoxo que marca a carreira da salvação e com isso, superar o escândalo da cruz. Na intenção de Mateus a postura que mantém oculta a imagem do Messias na terra, não condiz com seu

33 Idem.
34 Ibidem., pp. 225-226

desejo de proclamá-lo. Então das quatro ordens de silêncio em Marcos, duas foram escolhidas e seu tom de severidade, suavizadas. Por exemplo, enquanto Marcos impõe "*Cuida de não falar nada a ninguém...*" (1,44) Mateus ameniza na formulação "*cuida de não falar disso a ninguém*".

Contudo, deve-se ponderar a utilização do Segredo Mateano. Há exclusivamente no primeiro relato dos dois cegos (9,30) este registro. Criticamente cabe perguntar se liberdade constante supera a fidelidade incondicional às fontes. Deparamo-nos com outro elemento da mensagem dos episódios de milagres. É preciso que Jesus oculte a sua glória para não ser identificado com o esplendor profano de um messias temporal. Um dos marcos desta atitude é o relato das tentações que tem seu eco na entrada em Jerusalém. Mateus citando Zacarias 9,9 permite que a multidão o aclame, mas como rei humilde, sem aparato grandioso. Ilustremos com a cura do homem da mão atrofiada. Depois do exercício do poder terapêutico de Jesus temos um sumário (12, 15-21) que o apresenta como realização da figura do servo (Is 42,1-4) e a ordem de guardar silêncio (Mt 12,16 = Mc 3,12) aparece, ali, em relação com a mansidão e humilhação do personagem em cujos traços revivem Jesus. À majestade do Filho de Deus triunfante da enfermidade e da morte, Mateus acrescenta outra forma de grandeza, a qual voluntariamente e sob risco de decepcionar, renuncia a frustrar o êxito querendo uma glória simplesmente humana[35].

A didática de centrar a atenção na pessoa de Cristo e em seus incomparáveis privilégios visa provar a ação seguindo o ser. Tudo o dispõe de maneira que Jesus escape à categoria dos simples curadores. Cabe, ainda, expormos brevemente o âmbito de suas intervenções.

A insistência do notável em Marcos 5,23 é substituída por um só pedido. Deus que atua em Jesus não quer ser vencido pela insistência, não deseja a multiplicação das palavras (6,7) como as falsas divindades, não se parece com as autoridades humanas. Mateus segue seu raciocínio lógico entendido, às vezes como vulgar, todavia, pondo em relevo a transcendência do Salvador.

---

[35] Idem.

Numa esquematização o I Evangelho evidencia a eficácia absoluta e imediata do poder de Jesus. No milagre de abertura dos relatos dos capítulos 8 e 9 temos a cura do leproso que repete com breves intervalos o mesmo verbo "ser purificado" (καθαρισθητι)[36]. O efeito é uma seqüência de oração de fé, mandato e resultado instantâneo se sucedendo e a anulação da enfermidade pelo poder de Cristo. A mesma intenção decorre dos verbos "querer e "poder' que constituem a armação da perícope. No AT., Deus falou, aconteceu; ordenou, passou a existir (Sl 33,9) e tudo o que quis, ele o fez (Sl 115,3). Nesta esteira Jesus: "Senhor[37], se queres, podes purificar-me – no mesmo instante ficou purificado da lepra (καθαρισθητι). Este recurso provoca a impressão de um ato natural e, de fato é, para Cristo, vencedor do mal em todas as suas formas.

As adições funcionam como os esquematismos. Se com "uma só palavra" Jesus cura o homem enfermo, com a amplificação curava inclusive toda doença e enfermidade (4,23). Em outras palavras, nada nem ninguém, escapa a seu poder terapeuta. Até mesmo a morte real da menina de Jairo é anunciada de maneira diferente segundo os autores Marcos 5, 23 a menina "está prestes a morrer; Lc 8,42 estava morrendo; e Mt minha filha morreu agora mesmo, trata-se de um pedido de ressurreição a acentua a onipotência de Jesus.

O retoque no relato da hemorroíssa mostra Jesus passivo como quem conhece misteriosamente a silenciosa prece formulada atrás dele. No caso da legião de gadara Jesus não discute com os demônios, dirige-lhes uma breve palavra: "Ide!".

---

36 Bastante elucidativa a nota "r" da Bíblia de Jerusalém referente a Mt 8, 1-4; Bover e O´Callaghan. *Nuevo Testamento Trilingue*, Madrid, BAC 1977.

37 Mateus, juntamente com os demais autores do Novo Testamento, faz uso do título cristológico Senhor Κυριος que a Bíblia grega converteu do tetragrama sagrado IHWH em cujo semântica está a confissão da divindade de Jesus. Por isso, sua palavra é particularmente "Dabar", uma vez pronunciada realiza o seu efeito com eficácia salvífica (Is 55,10ss). Amplia o horizonte o confronto com VERMÈS, op. cit. pp. 109-136; VV.AA. *Os milagres do Evangelho*. (Col. Cad. Bíblicos nº 16) SP., Paulinas. 1982. p 25ss. 54-56; LEGASSE, op. cit. p. 228.

Mesmo que, a tradição judia tendesse a classificar a atividade taumatúrgica de Jesus entre os exorcistas populares e os magos vemos que o evangelho de Mateus retira todas as possibilidades para tal orientação. Por exemplo, não reproduzindo relatos que tornam patente o aspecto médico-mágico e enfatize a atuação em si. Mateus não podia ignorá-los, todavia os omitiu deliberadamente[38].

As curas operadas por Jesus portam em Mateus uma finalidade muito precisa, que é, explicitar os seus temas preferidos: o cumprimento das Escrituras por Cristo.

A figura de João Batista é a porta-voz das obras de Cristo. Ele é proclamado Messias por suas Obras. Segue-se ao emprego do título Cristo, o elenco de sinais messiânicos produzidos por Jesus desde o começo de sua atividade anunciada pelos profetas. Citam-se reminiscências bíblicas que invocam as curas, ressurreições dos mortos em quase todo o texto[39]. Jesus através de sua atividade milagreira inaugura a era da Salvação e da Liberdade.

Não meramente um midrash, mas Mateus vai além imprimindo os seus relatos de milagre na ordem messiânica. O formulário profético de alcance escatológico θαρσει – "tem ânimo" é adotado nos relatos do paralítico de Cafarnaum e da hemorroíssa indicando que a solução feliz suprime a angústia e manifesta a obra do Deus Salvador.

Na adição da cura dos dois cegos, estabeleceu-se amplo contato escriturístico junto à temática messiânica da abertura dos olhos, antecipada por Is 35,5 e 42,7. Deste modo, as adições se prestam a uma abordagem adequada dos relatos tradicionais não se restringindo ao aspecto maravilhoso, porém, penetrando em seu significado profundo. Segundo este método cada enfermo se converte num tipo, o da humanidade perdoada e restaurada, de acordo com as antigas promessas[40].

---

38 Predominam aqui as menções às profecias messiânicas do Antigo Testamento particularmente de Is 61,1s; 35,5; 29, 18; 26, 19.

39 LÈGASSE, op. cit. p. 230

40 Ibidem., pp. 230; 125-127

Nesta mesma linha estão os acréscimos de sumário os quais tomam um versículo do quarto poema do servo de Isaías sem se preocupar com seu sentido no contexto original. A inversão semântica faz a passagem da idéia de expiação (sofrer no lugar de), para a dignidade de Jesus em cancelar as enfermidades dos homens. Os juízo de Mateus em relação a atividade terapêutica do Salvador, provavelmente, foram o motor de tamanha correspondência estabelecido entre as etapas da vida de Jesus e o plano divino traçado na Escritura. Como tal, a taumaturgia de Jesus não bastava para que lhe reconhecessem como Messias, segundo os critérios da expectativa judaica. Então para preencher esta lacuna lançou-se mão do artifício indiscutível do Antigo Testamento para explicitar esta harmonia do plano divino, objeto constante da fé cristã[41].

2.2.3. O PAPEL DA FÉ NOS RELATOS DE MILAGRE MATEANO

A fé que Jesus supõe ao homem desejoso de obter para si ou outra pessoa o benefício de uma cura forma parte integrante da tradição dos milagres. Todavia encontramos duas abordagens diferentes: uma nos evangelhos sinóticos e outra no resto do Novo Testamento. Seguimos uma diferenciação proposta por L. Malevez, segundo o qual, o movimento que, nos evangelhos, levanta o homem da angústia e o conduz a Jesus apresenta um duplo caráter, existencial e pessoal. O primeiro, por não se exigir uma profissão de fé racional e doutrinal baseada na vinda do Reino de Jesus. E segundo, devido aos enfermos não precisarem reconhecer expressamente a universalidade do ministério de Jesus. Basta-lhes crer no poder e bondade de Deus que atua para alcançar sua piedade[42].

A perspectiva da fé dos evangelistas pretende enriquecer a fé dos beneficiários de milagres com outros elementos herdados da experiência e da teologia cristã[43]. Mateus a apresenta em dois planos.

Primeiro, a fé enquanto resposta inicial ao chamado messiânico permitindo ao evangelista opor a atitude crente dos pagãos à incredulidade judia. Segundo, a fé enquanto

---

41 Ibidem., p. 231
42 Idem.
43 Cf. Ibidem 233.

estado durável do autêntico cristão. Seu antítipo é o homem de pouca fé, o qual Mateus exorta e corrige.

Mateus constituiu, em seu evangelho, uma catequese sobre a fé, através dos relatos de milagre. O primeiro aspecto, de um lado, manifesta-se nos episódios de oposição da fé pagã à incredulidade judia. Originado no convencimento de Mateus acerca do fracasso da mensagem evangélica entre os judeus. Estes são colocadas como protótipo da incredulidade, como encarnação da oposição à Igreja. E, de outro lado, a acolhida extraordinária do evangelho entre os pagãos. Esta não era propriamente uma etapa preestabelecida da história da salvação segundo o plano de Deus. Devemos falar de uma mutação fundamental da economia divina. O plano divino, segundo os cânones tradicionais da esperança judaica, vê sua realização no Emanuel, Deus conosco, que salvaria o seu povo de seus pecados (1,21-23). E Jesus o realiza em parte; envia os discípulos a pregar a Boa Notícia às ovelhas perdidas da casa de Israel; mas logo depois da resistência, ocorre a inversão passando a primeiro destinatário os gentios. O reino dos céus é patrimônio dos gentios e os filhos serão privados dos privilégios (21,43).

O centurião de cafarnaum era um pagão que pede a cura à distância por não ousar convidar a Jesus para sua casa. Sua fé merece admiração de Jesus: "*em verdade, eu vos digo, em ninguém de Israel encontrei tamanha fé*". A expressão "*em ninguém*" demonstra o contraste radical, entre o movimento futuro inesperado dos pagãos para Cristo e a repulsa generalizada de Israel. O centurião não para no taumaturgo, a cura física se torna diafania, ou seja, permite reconhecer em Jesus o Messias e renovador da humanidade. Mais ainda ele se compromete a seguir o Cristo com uma fidelidade incondicional a seus mandamentos, a fim de entrar no reino dos céus. Os filhos do reino, ao contrário, serão lançados nas trevas[44].

Da mesma forma, a apreciação de Jesus à fé da cananéia muda a aplicação rigorosa do plano divino. A sua fé, que era grande o bastante, faz derivar os dons de Deus, para os que não eram seus primeiros destinatários. Esta fé-disposição são o motivo de transformação da Igreja num afluxo de pessoas maioria pagãos seduzidas por um novo

---

[44] 8,13; 9,29

judaísmo. Conseqüentemente, a Igreja concebida assim, parte para uma tarefa missionária (28, 19-20ª).

O segundo aspecto desta catequese consiste em reanimar a fé entre os que deveriam vivê-la em plenitude: os cristãos.

Mateus não idealiza a situação da Igreja, embora, não esteja ausente a devida retórica do pregador. Muito se percebe do solo da comunidade sob a profecia: as quedas, dissensões, iniqüidade ou desobediência à vontade do Pai celeste comunicado por Cristo.

Estas deficiências da comunidade são reforçadas pela falta de fé, tão criticada por Mateus, junto aos discípulos e finalmente os cristãos. Trata-se de uma exagerada preocupação temporal gerada pela falta de confiança em Deus Pai, e sobretudo, por esquecimento da soberania de Cristo e dos poderes que dela derivam. A pouca fé condiciona a comunidade do dom dos milagres.

O reverso deste quadro é a fé dos beneficiários de milagres e de seus intercessores que se oferecem como modelos. Jairo é destituído de sua nacionalidade, de seu posto, pois sua fé não equivale à de um judeu e chefe da sinagoga. O episódio do pai do epilético é ocasião de repreender os discípulos que voltam fracassados pela falta de fé (ολιγοπιστια). Parece que Mateus agiu como Marcos aproveitando para esclarecer sobre a atividade taumatúrgica que não era abundante na Igreja. Ao sobrepujar os milagres sob a obediência à vontade de Deus, o evangelista, põe em relevo o fundamento da vida cristã.

Como se pode ver, uma catequese segue unida aos relatos milagrosos. As esquematizações, adições, omissões literárias visam criar disposição essencial no leitor[45].

---

[45] O homem tem uma função no milagre. Sua participação mínima se exprime numa atitude, ao menos, de disponibilidade, abertura. Não havendo concorrência de liberdades, há um risco supremo de um Deus que baseou no amor ou na recusa a constituição de um povo de filhos, estes de frágeis liberdades diante do poder de Deus. LATOURELLE, op. cit. p. 632.

Jesus examina a fé, descobre a fé. Enfim, a fé condiciona o milagre. Jesus cura de acordo com a fé[46].

2.2.4. MILAGRE, UM CONVITE À COMUNIDADE

A intenção eclesial bem definida nos relatos de milagre faz deles autênticas instruções, a saber: educando e reformando o ambiente cristão que o rodeia, exortando a fé. Os discípulos assumem o centro e as narrações se convertem em um programa para o discipulado[47].

A versão mateana da tempestade acalmada é exemplar neste sentido. O relato do chamado é convite para o seguimento de Jesus (8,2) ligado a seus discípulos no "embarcar-se" para um destino comum. Quando o milagre acontece fica atestado aos olhos da humanidade pela Igreja, que segue viva em meio das tribulações e perseguições.

O relato de Jesus caminhando sobre o mar enfoca a figura de Pedro, enquanto símbolo dos cristãos propensos à dúvida. Na multiplicação dos pães, por sua vez, mencionam as funções devidas aos discípulos.

Jesus alimenta as multidões que o seguem (14,13b). A multidão representa o grande movimento das nações do mundo que respondem ao chamado Messiânico. E a interpelação mais forte do texto é um acréscimo de Mateus – "*dai-lhes vós mesmo de comer*" (14,16) no papel mediador dos discípulos. Eles repartirão aos homens a doutrina evangélica (28,19): a Eucaristia e a Palavra.

Todo o excurso pelos relatos tentaram trazer à tona as intenções de Mateus, mesmo porque os relatos são anteriores a ele. Mateus os tomou da tradição que os difundia na

[46] 8,13; 9,29.

[47] Os milagres são o sinal da comunidade de salvação que continua a oferecer a salvação Universal, inaugurada no grupo dos doze, Jesus não sendo um mero carismático (Hassidim) de seu tempo e sem pretensões de beneficiar-se a si mesmo, confere aos discípulos o poder de anunciar o reino curar os doentes e expulsar os demônios Mt 10,8. Cf. LATOURELLE, op. cit. p. 632.

Igreja. Imprimiu sua marca de instrutor e educador. Está aí a originalidade finalidade do primeiro evangelho: "*suscitar em seu derredor uma opção religiosa, uma decisão existencial ante o Cristo vivente, remediando por vezes os abusos e deficiências de uma Igreja cansada e ameaçada em sua pureza*"[48].

2.3 OS MILAGRES DE JESUS SEGUNDO LUCAS

A abordagem dos milagres em Lucas e Atos tem além de sua consecutiva inserção neste trabalho de síntese, o sentido de resposta ao chamado da CNBB, enquanto contribuição ao discernimento a missão da Igreja hoje[49]. A obra de Lucas comporta abundância de dados dos quais nos apossamos, a fim de percebermos: o mal do qual salva o milagre; os agentes de sua realização; o papel que nele desempenha a fé; algumas tentativas de explicação do milagre e sua função.

Os relatos evangélicos de milagre narram, sobretudo, curas e exorcismos. Um lugar comum nestes esquemas é apresentar o mal do qual será libertado o paciente, assinalando sua realidade, gravidade e duração[50]. Lucas é original no gênero, em dois pontos a saber: 1) caracteriza, cuidadosamente, as enfermidades, precisando, inclusive, sua duração; 2) a antiguidade pagã e judia atribuiu-se, com freqüência, a enfermidade aos demônios[51]. E Lucas, mais que os outros evangelistas, desenvolve suas narrativas na mesma esteira.

a) Lucas atribui enfermidades corporais a demônios como na repreensão da febre da sogra de Pedro ou mais explicitamente na diatribe depois da expulsão de um demônio mudo. (Cf. 4,39; 11,14s respec.) em contrastando com Mt 12,22. O mesmo ocorre com Lc 13,14.16 no episódio da mulher encurvada.

---

48 LÉGASSE, op. cit. p. 239 CNBB. Projeto "Ser Igreja no Novo Milênio" Brasília, 2000 pp. 15-16

49 CNBB. Projeto "Ser Igreja no Novo Milênio" Brasília, 2000 pp. 15-16

50 GEORGE, Augustin. El Milagro en la obra de Lucas. In: LEÓN-DUFOUR, op. cit. p. 241.

51 Quanto às atribuições de doenças a demônios, ver GRELOT, op. cit. p. 61-74; WEISER, op. cit. pp. 81-108.

b) Lucas apresenta doze vezes os exorcismos como cura. Diferente de Marcos que não utiliza esse procedimento restringe-se a dizer que Jesus "expulsa" os demônios ou que estes saem. Mateus menciona 4 vezes a cura de possessos.

c) Nos episódios próprios de Lucas há uma confusão das realidades da enfermidade e da possessão (diferente da distinção de Mc).

Todas essas características nos induzem a pensar que Lucas é filho de seu tempo e tributário de sua origem grega. "*Lucas está influenciado pela medicina helenística de sua época, fortemente marcada pela demonologia como reação contra a medicina racional de Hipócrates. Este fato cultural leva Lucas a unificar todo o mal do homem atribuindo-lhe a satanás e por conseguinte, a ver em Jesus, vencedor de satanás, vencedor de todo o mal*"[52].

2.3.1. AGENTES DO MILAGRE LUCANO

Entre os protagonistas dos milagres apresentados na obra de Lucas passamos a considerar a figura de Jesus, e em seguida a dos outros taumaturgos.

Jesus é enfatizado, a partir de sua atividade taumatúrgica, levando os estudiosos a integrá-lo a um movimento típico da época chamado judaísmo carismático[53]. Nos quatro evangelhos o maior números de milagres é atribuído a Jesus, destacando o poder pessoal do Mestre. A oração é, raramente, mencionada; observando-se mais a simplicidade do gesto e de suas palavras de cura. Vejamos alguns sinais da reelaboração Lucana.

a) Lucas faz brotar os milagres do contexto do ensino como uma ilustração da mensagem evangélica. Ocorre da mesma maneira nos Atos.

52 GEORGE, op. cit. p. 242

53 VERMÈS, op. cit. pp. 83-83; HOORNAERT, Eduardo. *O movimento de Jesus*. Petrópolis, Vozes, 1994, pp. 85-91; THEISSEN, Gerd. *Sociologia do Movimento de Jesus*. Petrópolis, Vozes, 1989, pp. 16-31.

b) São freqüentes as reminiscências dos relatos de milagre de Elias e de Moisés. O evangelista quer mostrar a semelhança percebida entre os dois milagres. Embora não seja improvável que já tenha recebido da tradição a analogia. A isto, são somados outros contatos como o fato dos dois estarem a serviço de sua mensagem; a relação dos milagres de ambos, através da substituição de "dedo de Deus" por "do Espírito"; e a menção nos discursos da rejeição pelo povo dos milagres que fizeram.

c) Jesus é mais que um profeta. A denominação atribuída a Jesus nos relatos de milagre é o título de "o Senhor" (*ο Κυριος*). Lucas o faz introduzindo uma novidade e de modo intencional entre os sinóticos[54]. A utilização da denominação aparece nas manifestações do domínio de Jesus, sobre a morte, ressuscitando o jovem de Naím 7,13; na cura da mulher encurvada, quando se apresenta como vencedor de satanás (13,15). Lucas descreve esta vitória na sua versão da parábola do forte[55]. Há uma menção explicita disso ainda, nos Atos 10, 38. a) Lucas não enfatiza tanto a motivação psicológica dos milagres de Jesus. Atém-se a atribuição ou mera apresentação da compaixão[56]. O evangelista prefere evitar alusões aos sentimentos. b) Os milagres na obra lucana nunca são em proveito próprio de Jesus (Lc 4,3ss) ou para escapar da morte (Lc 9,1s 6 Par; 23,35-39 par.). Para acentuar este sentido do Milagre depois de um sumário Lucas opõe 'a admiração dos discípulos o segundo anúncio da paixão (sem menção à ressurreição como em Mt e Mc). Na sua paixão Jesus conserva seu poder milagroso (Lc 22,51), embora não o utilize para escapar da morte.

2.3.2. OS OUTROS TAUMATURGOS

Mesmo que em nenhum dos sinóticos o poder de realizar milagres seja restrito a Jesus. Em Lucas encontramos uma matriz singular.

---

[54] No conflito das interpretações encontramos variantes na compreensão dos títulos cristológicos. V.g. VERMÈS, op. cit. pp.109-136; FABRIS, Rinaldo. *Jesus de Nazaré - História e Interpretação,* SP. Loyola, 1988, pp.14-199.

[55] Enquanto Mt 12,29 e Mc 3, 27 = 1,27 mencionam somente ao forte que no contexto é satanás. Lc põe o fulcro em "o mais forte" que no contexto é Jesus.

[56] Lc 7,13; 17,13; 18,38 par.

a) Os milagres de Jesus são enquadrados nas molduras proféticas de Elias, Eliseu (Lc 4,25-27) e Moisés (At 7,36). São evocações tipológicas indicadoras da constância do milagre no plano de Deus.

b) Para os Sinóticos, o poder de fazer milagres é comunicado aos discípulos, desde a vida terrena do Mestre. Enviados em missão: exercem seu poder a serviço da Palavra. Nos Atos, os milagres detalhados acontecem depois da Páscoa. O contexto do milagre, aqui, é o da pregação mediante o esquema clássico de gesto e palavra, antecedido de oração. A expressão "*em nome de Jesus*" ou "*por ordem sua*" anuncia a ação de Jesus o protagonista da ação, o próprio Jesus[57].

Algo de novo ocorre nas circunstâncias que envolvem os discípulos. Eles nunca se beneficiam dos milagres senão quando se dá o cumprimento da promessa de Jesus (Lc 10,19), próprio de Lucas, v.g., nos milagres de libertação[58] ou de proteção[59]. Estes prodígios não os isentem de sofrer. Realizar milagres despertava comumente as provas para os discípulos[60]. Lucas deixa uma regra constante em seu evangelho: "*o poder de fazer milagres não é uma segurança para o taumaturgo; este não é um 'homem divino' invulnerável: tem o mesmo destino que seu Senhor crucificado*"[61].

Jesus, tomando como pano de fundo Dt 13,2-6, reconhece a probabilidade dos sinais e prodígios reais feitos pelos falsos profetas. Estabelece, nas narrativas, paralelos entre os seus próprios exorcismos e os dos exorcistas judeus (Lc 11,19 par.); repreende a João por pretender impedir um discípulo, que se sirva de seu nome para expulsar demônios (Lc 9,49ss).

Lucas parece reservado frente a todo milagre alheio a missão evangélica. Fala de falsos profetas (Ψευδοπροφηταις) em Lc 6,26 e At 13,6, mas sem atribuir-lhes milagres . No caso de Simão, que deixava o povo da Samaria maravilhado, Lucas o qualifica com o

---

57 Consecutivamente Lc 10,17; At 3,6; 4,10; 16,18. At 9, 17. At 9, 34.

58 At 5, 19-26; 12, 6-11; 16, 25-34.

59 At 28,2-6.

60 At 3, 1-10; 4,3-22; 5, 27-41; 6, 8; 6,9-7,60; 12,17; 14,3; 14,5; 14, 8-10; 14,20; 16,39s; 27,24.

61 GEORGE, op. cit. p. 247

nome de Mago para retirar a origem divino de seu poder e no fim o coloca inferiorizado pelos *"sinais e as grandes obras de poder"* operados por Felipe At 8, 13. Os exorcistas Judeus terão seu objetivo distorcido e a glória de Jesus proclamada (At 19,13-17; Lc 9,49s). Contudo, percebe-se que o pensamento de Jesus se difere de Lucas, pois, enquanto Jesus não se reserva o poder de fazer milagres, o evangelista os vê no entrechoque da pregação evangélica e a competência de taumaturgos pagãos. Por isso, na elaboração Lucana dos relatos não existem milagres que não estejam a serviço do evangelho e o uso do nome de Jesus presta-se somente a seus enviados autorizados.

2.3.3. MILAGRE, OBRA DE DEUS.

A tradição bíblica atribui sempre os milagres a Deus, ainda que, os realize por intermédio de seus enviados[62]. Jesus procede do mesmo modo, ora explicitamente como em Lucas 11,20 (par.), ora implicitamente como em Lc 10,13 (par.).

Os relatos sinóticos acentuam a ação pessoal de Jesus que provoca nos expectadores a glorificação de Deus. (Mc 2,12; Mt 15,31) . Em Lucas, frisa-se mais a ação divina que age nos milagres. O término do esquema dos relatos são, geralmente, o beneficiário ou a multidão que dá glória ou louvor a Deus[63].

Lucas constrói uma ponte que liga sua mentalidade a de Atos e a de Jesus. *"Esta, provavelmente, motivada por uma reação contra a concepção grega de homem divino, segundo a qual, o taumaturgo é dono de seu poder maravilhoso"*[64].

---

62 Ex 11,10; Dt 34, 11; Sl 105, 27...etc

63 Lc 5,25; 7, 16; 9, 43, 13,13; 17, 15; 18, 43. At 2, 8s; 4, 21.

64 GEORGE, op. cit. p. 248.

2.3.4. O MILAGRE E A FÉ NA OBRA LUCANA

A temática da fé é abordada por todos os quatro evangelhos, porém adquire impostações diferentes em cada um deles. A fé figura como pressuposto do milagre (Lc 8, 50; 18,42 At 14,9. 11) Lucas parece seguir a tradição sem originalidade. *"A fé se apresenta como a participação do homem (enfermo, pai, parente) na salvação concedida"*. O conteúdo teológico, talvez pareça pobre, entretanto, *"é uma fé que se dirige ao anunciador do reino de Deus; considera-o como enviado de Deus, ainda que não penetre todo seu mistério"*[65].

No processo de discernimento do milagre os sinóticos têm a fé como critério. Lucas é mais incisivo que Marcos e Mateus, estes só implicitamente, acenam para a questão[66]. Nesta esteira, a distinção dos assistentes é manifestação externa da fé. O evangelho Lucano divide o auditório na possessão de gerasa, nos episódios dos dez leprosos, ou da mulher encurvada, no exorcismo do endemoninhado. Nos Atos, a descrição das atitudes da multidão e do sinédrio é detalhada, depois da cura do paralítico e esquematicamente mostra a divisão em Icônio. Lucas, a conta gotas, deixa mostras da divergência dos testemunhos diante do milagre como um dos aspectos da divisão de Israel diante de Jesus. Mostra que o milagre não se impõe, deve ser reconhecido, e aceito por uma decisão pessoal, a qual é precisamente a fé.

O relato mais explícito da fé no discernimento de milagres é dos dez leprosos. Nove leprosos recebem o benefício e voltam para casa; um único volta para agradecer. A narrativa, depois de breve relato de milagre, coloca sua atenção nos comportamentos. Ainda que, Jesus tenha curado a todos, somente a um disse "tua fé te salvou". Salvação é mais que a simples cura, é a descoberta do seu sentido. É ver na cura o dom de Deus em Jesus Cristo. A fé é a única que dá sentido ao milagre.

O tema da fé como fruto do milagre é tratado distintamente nos sinóticos, que nunca o evidenciam e em João. O milagre não surge como argumento que impõe a fé, todavia, é

---

65 Ibidem., p. 249

66 Mc 5,17. 18-20 e Mt 12,22s. 24; 21, 14s. 16

um sinal que convida o homem a comprometer-se pessoal e livremente com Jesus[67]. Mesmo que Lucas reconheça o valor apologético do milagre aposta no seu sentido para a gênese da fé, sem imposição. A obra de Lucas rejeita a concepção de uma fé sem liberdade.

2.3.5. ALGUMAS TENTATIVAS DE EXPLICAÇÃO DO MILAGRE.

A origem do autor do terceiro evangelho marcou sua concepção de milagre paralelos com o helenismo, particularmente com Plutarco[68]. O emprego da palavra "*δυναμεις*", tomado do relato da hemorroíssa em Mc 5,30 - uma 'força" sai de Jesus - designa a força que atua em Jesus e nos seus enviados. Nesta tentativa de formular o processo do milagre parece mais grego que semita.

Na mesma linha, Lucas retoca o discurso escatológico ganhando autonomia relativa a Marcos 13,25 e Mateus 24, 29. *"As potências dos céus serão abalados"*, em vez de catástrofe que segue os fatos, torna-se Lucas explica os sinais precedentes.

A menção das três horas de trevas é referência dum sinal milagroso. Como é impossível eclipse do sol com lua cheia, a intenção do autor é "*propor um mecanismo físico do milagre*" (paralelo com os eclipses de Plutarco)[69].

É valiosa a contribuição deste ponto para a reflexão moderna sobre o milagre. Lucas faz tentativas, as quais os judeus helenistas assumem com afinco: explicar a física dos milagres veterotestamentários. O princípio norteador presente é o seguinte, "*os milagres são sinais divinos, não são exceções às leis da natureza, se produzem 'κατα φυσιν'*"[70].

2.3.6. FUNÇÃO DO MILAGRE.

---

[67] cf. Lc 5,1-11; At 4,4; 8,12; 13,12; 13,31-34

[68] GEORGE, op. cit. p. 252.

[69] Ibidem., p. 253

[70] Idem

A funcionalidade do milagre na obra lucana é perceptível pelo vocabulário, pelo funcionamento concreto do milagre, sua significação e seus limites. Na obra lucana destacam-se duas palavras, também presentes em Mateus e Marcos, o substantivo δυναμις (obras poderosa) e o verbo σωζειν (salvar). A primeira designa o poder milagroso de Jesus ou de seus enviados. E a segunda, de maneira própria designa a salvação total do homem, conseguida desde agora pela fé[71] e a conversão[72], diante da ação da palavra ou do mesmo Senhor[73].

No próprio evangelho, temos ainda, a palavra παραδοξα (Lc 5,26) que para os historiadores gregos significava coisas extraordinárias. Esta expressão aparece anteriormente no livro da Sabedoria nos relatos das pragas do Egito e na passagem do Mar Vermelho. Filón e Flávio Josefo a utilizam.

Nos Atos dos Apóstolos nos deparamos com ευεργεσια (At 4,9) e ευεργετειν (10,38) no vocabulário religioso helenístico expressa a ação benfazeja dos deuses salvadores.

Σεμειον (sinal) aplicado pelos sinóticos a Jesus em sentido, unicamente, pejorativo. Nos Atos ocorre uma vez no singular e doze no plural precedido ou seguido de τερατα (prodígios) designando os milagres operados por Jesus, apóstolos ou Moisés.

Conforme podemos perceber o emprego do vocabulário se difere nos Atos do Terceiro Evangelho, provavelmente, por depender menos da tradição sinótica. Entre os termos uns sublinham o caráter surpreendente do milagre (παραδοξον, τερας), mas a maioria indica seu caráter significativo (δυναμις, ενδοξα, ευεργεσια, σεμειον, σωζειν).

2.3.7. FUNCIONAMENTO CONCRETO DO MILAGRE.

71 Lc 7,50; 8,12; 17, 19; 16,31
72 cf. Lc 19,10; At 2,40
73 At 11,14 e At 2,47; 4,12; 15,11

Os milagres despertam surpresa nos que o vêem, mas antes de tudo tem um sentido. A força deste sentido irrompe dos ensinamentos de Jesus ou da pregação dos missionários. *"Para Lucas o sinal funciona no contexto da palavra que permite interpretá-lo"*[74].

Quando os homens se dividem diante do sinal, evidencia-se a necessidade do discernimento, acolhida pela fé, livremente. O milagre constitui um ato de Deus, da liberdade suprema.

Lucas carrega a mão na atitude de aceitação do milagre e nunca da exigência. Concorde com o Antigo Testamento nas sentenças, a saber: não tentar a Deus; nem exigir prodígio a ele, podemos notar Jesus em Lc 4,12 par. e exclusivamente Lc 4,23-27 e 23,8ss.

2.3.8. SIGNIFICADO DO MILAGRE LUCANO

O campo semântico do vocabulário revela o milagre como manifestação do poder divino (δυναμις), obra de salvação (σωζειν) igualmente Marcos e Mateus e benefício (ευεργεσια), epifania da glória (τα ενδοξα).

Prosseguimos numa condensação do apresentado, supra, sobre a significação do milagre: em Lucas é advento do reino de Deus e do cumprimento das profecias; a pesar de insistir no caráter demoníaco das enfermidades, seu real objetivo é destacar no milagre a vitória de Jesus sobre satanás e com ela, a libertação do homem; Pedro em sua pregação vê neles a garantia divina da missão de Jesus; a novidade dos milagres dos quais se beneficiam os missionários; o objetivo do milagre é assegurar a difusão do evangelho e não glorificar os enviados de Jesus, nem livrá-los da sorte do mestre. Lucas é o único a narrar milagres de castigo, estabelecendo ponto de contato com o AT. e assemelhando-se ao relatos helenísticos[75].

2.3.9. LIMITES DO MILAGRE.

---

74 GEORGE, op. cit. p. 255.

75 Cf. Ibidem., p. 256

O colecionador dos relatos de Milagre não vê neles o valor supremo. Prova disso são as imprecações contra Corazim e Betsaida. Alguns milagres, frustrados devido à acolhida do povo, são colocados por Pedro como agravantes do assassinato de Jesus.

Episódio lapidar é o da parábola de Lázaro e do Rico. Deixa entrever que a mensagem de Moisés e dos profetas é mais convincente que a ressurreição de um morto. Em outras palavras, há uma hierarquia entre os sinais, e os milagres estão subordinados à palavra[76].

Diante da euforia dos exorcismos realizados, Jesus, convida os discípulos a se alegrarem pelos nomes escritos nos céus (Lc 10,20). O valor supremo não é o milagre, mas salvação (Cf. Mt 7,22), a salvação total do homem. A utilização de σωζειν significa que o milagre é, simplesmente, o sinal da salvação: libera e regenera o homem, mas somente em seu corpo e por um tempo.

A história da salvação é a grande orientação do terceiro Evangelho. Lucas é o único evangelista que evoca, explicitamente, os milagres dos profetas do AT. e que apresenta, depois dos milagres de Jesus, os da Igreja nascente. Sua tipologia e seus esquemas assinalam a constância do milagre durante toda a história da salvação[77].

Desde os profetas até Jesus e os portadores do evangelho o milagre está a serviço da palavra. Anuncia a salvação. Convida a decisão de fé. Não preserva nunca o taumaturgo da perseguição, nem da prova. Enfim, embora individual, corporal e temporal, o milagre é sinal do cumprimento da salvação escatológica para todos os homens, comunitária, total, eterna. Eles são a antecipação da reunião do povo de Deus no término da História[78].

---

[76] Cf. Ibidem., p. 257
[77] Ibidem., p. 258
[78] Cf. Ibidem., p.259

2.4. OS MILAGRES DE JESUS SEGUNDO JOÃO.

Os relatos de milagres formam parte da estrutura mesma do gênero "Evangelho", tornando impossível ignorá-los nos quatro evangelhos. Na tradição evangélica podemos comparar os sinóticos (Mt, Mc e Lc) com João e constatar proximidades no vocabulário e nas estatísticas, embora, seja necessário precisar a função dos relatos de milagres em cada evangelho.

2.4.1. JOÃO E OS SINÓTICOS[79].

Vejamos de modo sumário entre os relatos de milagres as diferenças e as semelhanças. Deve se enfatizar que são numerosas. Falando primeiro das diferenças devemos atentar para o fato de que os sinóticos narram em comum catorze milagres e cada qual acrescenta ainda outros[80]. João, em sua peculiaridade, escolhe somente sete episódios para fundamentar e consolidar a fé do leitor (20,30). Outro dado importante são as descrições das reações da gente, as intervenções dos intercessores ou o entusiasmo das multidões: João utiliza a técnica literária do discurso das ações milagrosas de Jesus dando precisão sobre o sentido dos acontecimentos.

O que faz João ser sintético não parece ser uma abordagem mais sóbria que a dos Sinóticos, ou a rejeição sistemática das linhas freqüentes nos relatos helenísticos. João apresenta os relatos observando o objetivo do conjunto do IV Evangelho.

A designação dos milagres é feita por vocabulário diferenciado segundo os sinóticos e João. Os sinóticos utilizam δυναμεις (obras poderosas) significando ora a vitória de Jesus sobre Satã ou geralmente a irrupção do Reino de Deus no tempo presente. O IV evangelho diferencia-se dos Sinóticos usando termos pouco utilizados por eles; sinais

---

79 A abordagem escolhida para trabalhar a temática segue a opção metodológica expressa no itinerário de Xavier León-Dufour. Em seu livro *"Los Milagros de Jesús según el Nuevo Testamento.* Madrid, Ediciones Cristiandad, 1979, apresenta os sinais, conforme os nomeou João, a partir dos relatos de milagres.

80 Além destes existem os relatos próprios de cada evangelho. Deve-se aludir, ainda, aos relatos de exorcismos, enquanto sinal da missão de Jesus, contém a mesma importância e significado dos relatos de milagre. Ibidem, pp. 61-74.

(σεμεια) e obras (εργα). *"Esta preferência corresponde a outra opção de João: em vez de "Reino de Deus", no IV evangelho encontramos "Vida eterna" ou "Glória de Jesus"*[81].

A aproximação dos milagres joânicos com os Sinóticos faz-se perceber na espécie (analogia de conteúdo) e na natureza. No primeiro caso, a cura da Filha do oficial real (relembra a do servo do centurião de Cafarnaum), a multiplicação dos pães, Jesus caminhando sobre o mar. Em segundo, a cura do paralítico (5,1-15), a cura do cego (9) e a reanimação do morto (11). Resta, somente, o sinal das Bodas de Cana, exclusivo de João.

2.4.2. JOÃO E A ESTRUTURA DOS RELATOS DE MILAGRES.

Ao falarmos de relatos de Milagres devemos ter em conta uma estrutura que o organiza. A compreensão da estrutura torna-se possível a partir dos dados neotestamentários unidos aos relatos helenísticos. Então, temos que as ações dos relatos de milagre se desenvolvem em torno da noção de limite. *"Primeiro se choca com um obstáculo aparentemente insuperável, depois se triunfa sobre ele mediante o milagre. O limite se impõe a princípio e depois é superado"*[82]. Trata-se de uma estrutura dinâmica que está aberta a ulteriores transformações no processo de transmissões e por circunstâncias de redações. E João utilizou esta permissão. Podemos aqui aplicar a imagem do díptico para compreender os painéis constitutivos de uma estrutura de relato: de um lado o painel do limite que se impõe; e do outro o painel do limite superado.

O primeiro painel é caracterizado pelos convidados das Bodas que ficam sem vinho, mas há água em abundância; o filho do oficial morre e este, está longe de Caná, em Cafarnaum; o paralítico não tem ninguém que o desça à piscina; duzentos denários não bastariam para dar de comer a multidão e o que fazer com cinco pães e dois peixes; o mar está agitado; o jovem é cego de nascimento; Lázaro fica morto durante quatro dias. Todos os sinais evidenciam um mal do qual não se pode escapar.

---

81 LEÓN-DUFOUR. op. cit. p. 260

82 Ibidem., p. 261

Diante do obstáculo, limita-se a enunciar o fato, algo diferente dos Sinóticos. Não dá importância tanto aos gritos de súplica, de prosternação ou pedidos explícitos. Ao contrário, os pedidos insistentes são sucedidos de duras repreensões como é o caso de Maria, "*mulher, que tenho eu a ver com isso*", ou a repreensão feita à fé do oficial e ainda uma ausência de preocupação em amparar o amigo que está para morrer. Ao obstáculo é acrescida a dificuldade suplementar: uma aparente postura negativa do taumaturgo.

Tal iniciativa negativa de Jesus mostra o objetivo teológico de João que acentua a impossibilidade de obrigar o Verbo de Deus. Embora haja, aqui, ponto de contato nos evangelhos sinóticos, figura como traço característico do relato joanino, Jesus é quem vê as necessidades e as esperanças escondidas e toma a iniciativa. Neste aspecto, aludimos à atuação de YHWH frente a seu povo escravo no Egito (Ex 3,7). "*Compreende-se que Jesus não aluda à fé em seu poder milagroso (Mt 9,28), senão unicamente em sua palavra, isto é, em sua própria pessoa presente, Reino de Deus personificado. Compreende-se, enfim que a fé consista em reconhecer a glória de Deus em Jesus*"[83].

Do outro lado do díptico, temos o limite superado. João desvia a atenção do prodígio omitindo a descrição detalhada da realização do milagre. Permite-se, por vezes, indicar o resultado. O IV evangelho acentua o efeito do milagre, em contraste com os Sinóticos. Depois do fato notável, segue-se um prolongamento, isto é, a água se transformou em vinho e em vinho de melhor qualidade como testemunha o mestre-sala; a multidão se sacia com o pão em abundância, e mais, são recolhidas as sobras. Esta espécie de segunda cena parece "marcar a sobreabundância inesgotável da ação divina"[84].

A dinâmica que interpõe o limite e depois faz com que este seja superado, aponta para a origem do milagre, nos Sinóticos menos explícito que em João, embora ambos, o coloquem no Mistério de Deus. Há, ainda neste ponto, uma conexão com os versículos prolépticos do prólogo, a saber: "*Jesus é a Palavra de Deus feito carne, de modo que o poder divino se manifesta não somente a partir desta Palavra, mas na Palavra mesma. O milagre não é simplesmente uma conseqüência do poder comunicado por Deus a Jesus – é*

[83] Ibidem., pág. 262
[84] Ibidem., pág. 263

a expressão própria da Palavra que é Jesus. Por isso, a fé não aponta para o fato que se vai produzir, mas surge diante do fato produzido que dá corpo à Palavra (4,53;11.26.40)"[85].

A reação dos espectadores diante do milagre tem acentuações próprias nos evangelhos. Nos Sinóticos, a fama de Jesus se espalha, provocando a admiração a aclamação do povo. Em João, ocorre o contrário, o fato milagroso é a Glória de Deus, manifestada em Jesus. As aclamações das multidões, em João, representam a confusão das pessoas acerca do sentido de sua pessoa.

2.4.3. ESTRUTURA JOANINA DO RELATO DE MILAGRE

Como foi exemplificado, João apresenta os elementos estruturais em continuidade com todos os relatos de milagre do NT., i. é., o obstáculo e o taumaturgo em relação com o miserável. Quando João detalha o obstáculo conserva os rudimentos da vida concreta. Disto, colhemos as manifestações mais afetivas de Jesus, que o IV evangelista faz transparecer unicamente nos relatos de milagres. Por essa razão os *"relatos manifestam um aspecto fundamental do Verbo de Deus encarnado, de modo que não podem ser suprimidos da tradição evangélica"*[86].

O tema da fé é muito caro aos relatos joânicos de milagre. A fé enquanto requisito prévio para o milagre é mencionada duas vezes: uma no episódio do oficial (4,47.50) e o outra no caso Marta (11, 25). A novidade de João é imposta à fé, entendida não como moção interior, mas como adesão existencial a Jesus. Sendo assim, aparece como conseqüência do milagre e se converte em reconhecimento da Glória de Deus.

---

85 Idem.

86 Idem

Segundo a compreensão de estrutura dos relatos de milagre a relação existente entre o taumaturgo e o miserável é a fé, figurando, ora requisito prévio, ora como conseqüência, segundo o tipo de relato de milagre.

Em João, podemos chegar a uma classificação dos relatos de milagre, segundo o nosso autor: "os dois relatos mencionados, o da filha do oficial real e Lázaro são os únicos relatos de cura propriamente ditos. Caná e a Multiplicação dos pães são milagres de doação e de Jesus caminhando sobre as águas se enquadra entre os milagres de salvamento, o paralítico e o cego de nascença são milagres de legitimação"[87].

A diferenciação entre ver e crer nos milagres ajuda-nos na compreensão própria de Fé para João. A fé é conseqüência do Milagre. Não basta para João ver milagres, estes devem orientar-nos à verdadeira fé na Palavra de Jesus.

Cada uma dessas características do IV evangelho leva-nos para o núcleo dos relatos que é o taumaturgo. "A iniciativa absoluta de Jesus, sua palavra onipotente, a convergência do relato na Glória que se manifesta em seu ato são outras tantas linhas que conferem um lugar sem igual ao taumaturgo"[88]. Aprofunda a diferença, nos sinóticos, o homem Jesus é capaz de receber de Deus o poder necessário criando uma expectativa pelo acontecimento esperado. Em João, o objetivo único é a pessoa de Jesus no qual em unidade se revela a Glória de Deus.

2.4.4. OS SINAIS E AS OBRAS DE JESUS

Feitas as diferenciações, devemos ainda examinar o vocabulário joanino dos milagres. Seguimos, assim, aprofundando o significado que o IV evangelista atribui à atuação de Jesus. A palavra grega *σεμειον* é empregada com 4 significados: a) como fato concreto; b) para dizer que João não fez nenhum sinal c) no plural por Jesus e os Judeus e

[87] Ibidem., p. 264
[88] Ibidem., p. 265

pelo evangelista para significar os milagres e; d) por fim, como fato demonstrativo à semelhança dos Sinóticos e dos Atos (σεμεια και τερατα).

Este último sentido é tomado, pelo evangelista, com sentido positivo e negativo conforme sua intenção de manifestar a síntese da obra de Jesus ou para indicar uma fé pouco amadurecida diante dos milagres. Uma vez precisados os sentidos, devemos nos perguntar: a palavra sinal está reservada para designar os milagres? Há sinais não milagrosos em João? Os autores concordam em dizer que se trata de questão delicada dar ao termo sinal um sentido unívoco. Se olharmos para a purificação do Templo como um sinal, nem sempre se tem a cruz como sinal. O que falar da Ressurreição ou das Aparições as quais, não tocam a vida terrena de Jesus? Em vários momentos, a palavra assume sentidos novos, por exemplo, nas análises comparativas, tem-se que os milagres joaninos evocam os motivos do Êxodo expressos na LXX mais que a literatura helenística. Isso abre para que, embora João prefira tematizar a escatologia presente, os sinais permitem acenar para o final dos tempos. Enfim, os sinais manifestam a Glória de Jesus[89].

É possível, portanto, traduzir σεμειον por sinal? Respondemos afirmativamente, considerando que a palavra sinal para João comporta algo mais que o valor significativo de outra coisa (dos sinóticos). Os σεμεια no seu sentido forte, são símbolos. O crente que faz a experiência da glória de Deus a vê atraentemente representada no sinal que a expressa. "O relato se converte em mensagem. O Fato, não é a coisa mesma: a Glória; é o corpo da glória de Jesus"[90].

2.4.5. AS OBRAS.

A outra categoria utilizada por João para designar os milagres de Jesus é Obras, em grego εργα. Nesta expressão é feita a síntese das duas grandes categorias do Antigo Testamento: façanhas de Deus libertando o seu povo (êxodo) e a obra por excelência da criação (gênesis). Podemos entender que Jesus se insere nesta grande tradição: "Meu pai

89 Cf. Ibidem., pp. 266 a 268
90 Ibidem., p. 268

trabalha (εργαζεται) sempre, e eu também trabalho (εργαζομαι) (5,17). Jesus une sua obra à do Pai a tal ponto que a obra do Filho é, concomitantemente, a obra do Pai. Amplia-se o sentido e compreendemos as obras não só como milagres ou atos isolados, mas como o conjunto do Ministério de Jesus (17, 4). Isso explica os elementos literários e a maneira em que estão dispostos, sinais seguidos de discurso. É a dinâmica pela qual o IV evangelista nos faz entender uma interpenetração entre obras e palavras (14,10). Mas, não somente a nível literário, vai além, aponta para a razão mais profunda, ou seja, aquele que realiza as obras é a Palavra feita carne. Toda obra da Palavra tem que ser palavra"[91].

2.4.6. SINAIS E OBRAS

Certo é que as duas palavras estão enraizadas no Antigo Testamento, de alguma forma, no evento êxodo. O uso de obras deixa uma "certa ambivalência" sobre o autor das obras, o Pai e ou Jesus.

Retomando a compreensão de sinal, enquanto símbolo, temos uma identificação com a coisa representada enquanto participa dela. Daí, surge, a relação entre obras e sinais. A obra fala do obreiro e o sinal/símbolo é a outra coisa de um modo diferente. O milagre, portanto, é produzido pelo Pai e pelo Filho e símbolo, a medida que expressa para outro a realidade misteriosa em sua manifestação. O agir de Jesus para João não precisa ser espetacular, pois, estes atos simbólicos, já o revelam.

O simbolismo dos σεμεια tem um fundamento: o fato de que a Palavra eterna se expressa através de um rosto humano, o de Jesus[92]. Para maior clareza deve-se dizer "*a mensagem do milagre joanino é a irradiação desse corpo misterioso, ao mesmo tempo opaco e aberto ao olhar do crente*"[93].

---

91 Ibidem., p. 269
92 Cf. Ibidem., p. 270
93 Idem.

2.4.7. FUNÇÃO DOS RELATOS DE MILAGRE.

Caminhando para um fechamento, alerta-nos o autor, não basta dizer que os milagres no IV evangelho referem-se à obra de Revelação tendo em vista a Salvação, mesmo porque, isto é comum aos Sinópticos. Antes, urge, captar o plano do evangelho joanino. A intenção de João é atualizar a vida passada de Jesus. Embora, Jesus tivesse vivido entre os homens de seu tempo, Ele é a Palavra de Deus encarnada. Partindo deste lugar, os acontecimentos de sua existência tornam-se símbolos multiformes da glória de Jesus.

Os milagres ganham um relevo especial em relação a outros episódios da vida de Jesus. Os estudiosos postulam, no IV evangelho, esta excelência, *"porque seus relatos eram os mais aptos para simbolizar a glória onipotente de Deus ativa em Jesus, a qual se inscreve na prolongação da criação originária"*[94].

Quando o IV evangelho elege a lista dos sete sinais para fundamentar a fé dos seus leitores, poderíamos nos perguntar pelos relatos de exorcismos. Primeiramente, a obra de Jesus acontece como um duelo contra o príncipe deste mundo, mas Satã nunca atua diretamente senão por meio da ação humana, por exemplo, Judas Iscariotes ou a imagem do mundo. No IV evangelho não existem possessões, o seu sentido simbólico é substituído aqui por todos aqueles que impedem a luz de penetrar no coração. O nosso autor nos faz compreender a amplitude e atualidade deste combate, que não se localiza em alguns enfermos ou energúmenos, mas tange aos homens em geral[95].

A análise estruturalista dos relatos de milagre os classificou segundo a postura dos espectadores diante deles. João oferece distintas categorias de milagres: as duas curas (filha do oficial real/ reanimação de Lázaro) são *Milagres de Doações de Vida* e a fé é a condição para poder efetuar; os dois *Milagres dos Donativos* (vinho de Caná e Multiplicação dos pães) não exigem a fé como requisito prévio; os dois *Milagres de Legitimação* (o paralítico de Betesda e o Cego de nascença) têm a função de defender a realidade do Dom da vida

---

94 Ibidem., p. 271

95 Cf. Idem.

contra os malvados. Requer a fé, mesmo que não se assinale o reconhecimento da Glória atuante; Jesus caminhando sobre as águas inspira-se no gênero de milagre de salvamento, apesar de que tende a ser uma E*pifania da Glória de Jesus*.

O autor completa esta exposição com um ensaio de síntese dos milagres. Seguindo a intuição de Santo Agostinho: os relatos de milagres estão em relação com a Palavra. São palavras por si mesmas, mas também, preparação para escutar a Palavra expressar-se com claridade. Então podemos perceber, o cristão é o homem que caminha (paralítico), que vê (cego de nascença), que vive (filha do oficial real e Lázaro). Além do mais, deve se alimentar com o sobreabundante pão da vida (multiplicação dos pães) e como vinho (Caná) e reconhecer a presença de Jesus, através de sua ausência (Jesus caminha sobre o mar). Diante das obras, posicionam-se os homens, os que se negam a abrir-se aos sinais que vêem; os que crêem ao ver os sinais, os que baseiam a fé somente nos sinais e prodígios e os que conseguem crer na Palavra-Jesus.

A discussão sobre os milagres deixa uma abertura para o problema da realização dos milagres depois da morte de Jesus e o Dom do Espírito. Tomamos dois versículos, a saber, "*o que crê em mim fará também as obras que faço; inclusive as fará maiores porque, vou ao Pai*" (14,12) e "*porque me viu creu, bem aventurado os que, sem ver creram*" (20,29).

As interpretações correntes são duas. Porém, o autor convida-nos a uma postura hermenêutica. A primeira interpretação entende a palavra de Jesus a Tomé como o sinal realizado que se limitou ao tempo de Jesus antes da glorificação. Os milagres são, portanto, sinal da presença de Deus em Cristo. A segunda interpretação apresenta os sacramentos como sinal da presença de Cristo na Igreja do tempo de João, na qual o sacramento substituiu em grande parte o milagre como meio de revelação simbólica[96].

Para o autor, os posicionamentos identificam indevidamente o simbolismo dos milagres com os dos sacramentos. João ao aludir à prática sacramental deseja nada mais que ligá-lo a Jesus de Nazaré. Sem falar que diante de Tomé, Jesus não se refere aos

---

96 Cf. Ibidem., p. 274

milagres, e sim, à percepção sensível do ressuscitado. Trata-se de um convite à fé cristã para um salto qualitativo; passar do "ver" o ressuscitado à "aceitação do testemunho autorizado" dos discípulos que transmite a fé. Uma apressada avaliação deste ponto poderia minimizar o valor permanente dos milagres para os cristãos dos tempos posteriores. "*Os milagres não são um modo temporal de revelação da glória divina, mas também hoje, tem um papel a desempenhar*"[97].

CAPÍTULO II:
A ABORDAGEM DOS MILAGRES NA ESTRUTURAÇÃO DO UNIVERSO TEOLÓGICO

1. O TESTEMUNHO DA TRADIÇÃO PATRÍSTICA.

Os testemunhos patrísticos sobre a presença de curas milagrosas e de libertação de maus espíritos no meio dos cristãos dos primeiros séculos são numerosos e atestam que a tradição cristã conheceu depois da era apostólica a dimensão terapêutica da Salvação[98]

---

[97] Idem.

[98] Desde o século II a Igreja tem a certeza que a atividade terapêutica de Jesus continua. Justino, Irineu, Hipólito de Roma, Orígenes, notificaram as curas de seu tempo. No séc. III, Hilário de Poitiers reconhece as curas milagrosas como fruto do batismo; e a Orígenes confirma que tal poder é exclusivo às pessoas de vida santa. No século IV começa-se a difundir a idéia do fim do período carismático por João Crisóstomo. Segue-se a isso, uma restrição típica da experiência da Igreja nos séculos posteriores, em privilegiar o reconhecimento das curas carismáticas dos santos "canonizados". A partir daqui, a atividade terapêutica adquire uma forma ritual litúrgica, cada vez mais, específica. Conferir importante estudo, bem fundamentado, sobre a "Teologia Terapêutica". LANGELLA, Alfonso. A visão terapêutica da Salvação na experiência da Igreja - visão diacrônica e reflexão sistemática. In: VV. AA. Liturgia e Terapia: a Sacramentalidade a serviço do Homem na sua Totalidade. SP., Paulinas, 1998 (Col. Liturgia e Participação) pp. 129-134.

O milagre seguiu sua estrada, merecendo considerações oscilantes no decurso dos séculos. Podemos falar de acentuações conforme os Padres ou teólogos posteriores. Os dados da tradição apontam três aspectos básicos na impostação do milagre, a saber: o psicológico, o ontológico e o semiológico. Todavia, particularmente, verifica-se uma oscilação entre o aspecto factual e ontológico. No primeiro ressalta o milagre como um fato de transcendência física, e o segundo privilegia, como um sinal operado por Deus.

A contribuição patrística se vincula, essencialmente, a Agostinho e a Tomás de Aquino, com visíveis repercussões até os nossos dias.

1.1. AGOSTINHO DE HIPONA (Séculos IV-V).

A tematização agostiniana enfatiza o aspecto psicológico e semiológico. De tal modo que *"todo o acontecimento na natureza e no mundo humano é um 'milagre', uma vez que pode revelar a grandeza e a bondade de Deus"*[99]. Este inesperado, quebra a monotonia do cotidiano provocando assombro.

Porém, devido à perspectiva apologética em relação aos pagãos, condensa no sentido estrito e específico a passagem de sua raridade e singularidade à função de sinal[100].

O ponto nevrálgico para Agostinho na questão do milagre era a *"busca de um equilíbrio entre a cosmovisão greco-platônica e a experiência cristã da história"*[101].

O caráter de sinal é um convite a levantar o olhar para o céu e a contemplar as realidades invisíveis do mundo da graça. *"Os milagres, que nosso Senhor Jesus Cristo*

---

99 Cf. LATOURELLE, op. cit. p. 633

100 "Milagre" In: EICHER, Peter. *Dicionário de conceitos fundamentais de teologia*. SP. Paulus, 1993, p. 552

101 Cf. Idem. Cf. LATOURELLE. Op. cit. p. 633; Cf. "Milagro" In: FLORISTÁN, Casiano e TAMAYO, Juan José (Eds.) *Conceptos Fundamentales del Cristianismo*. Madrid, editorial Trotta, 1993. p. 793.

realizou, são ações divinas que levam o espírito humano a reconhecer a Deus a partir do visível"[102].

Outro viés de Agostinho é o questionamento sobre a necessidade do milagre na Igreja. Ele evidencia o momento em que, este, se fez necessário: "*os milagres, pelos quais ele (Deus) governa o mundo inteiro e dirige toda a criação, se tornaram tão corriqueiros por causa da sua cotidianidade, que quase ninguém mais considera que valha a pena dar atenção à maravilhosa e estupenda ação de Deus em cada grão de cereal*"[103]. E nas querelas de discernimento da verdadeira religião em relação aos maniqueus diz "*se bem que graças a eles (os antepassados), esses milagres não se apresentam mais necessários a seus descendentes. A Igreja católica, estando uma vez difundido e estabelecido (...), aqueles milagres não foram mais consentidos ao nosso tempo. Isso para que o nosso espírito não exija sempre coisas visíveis*"[104].

A fusão dos aspectos psicológico e semiológico permite entrever a visão de totalidade do milagre para Agostinho, por exemplo, a multiplicação dos pães foi exibida sob os olhares, "*não porque é milagre maior, mas porque é milagre mais raro, a fim de que a nossa inteligência possa ocupar-se com ele, a fim de que com espanto percebamos nas suas obras visíveis o Deus invisível*"[105].

A apresentação feita pelo Bispo de Hipona sobre o lugar do milagre no cosmos e na História da Salvação é pedagógica para a fé. A compreensão da presença operativa da Salvação na Liturgia e nos Sacramentos da Igreja ultrapassa a Idade Média, e é refletida nas representações artísticas[106]. Resta-nos uma aparente contradição existente entre Criação e

---

102 Idem. Cf. AGOSTINHO. *A verdadeira Religião (De Vera Religione)* nº 47. SP., Paulinas, 1987, pp. 78-80

103 EICHER, op. cit. p. 552; Ao mesmo tempo que Agostinho faz transparecer o aspecto semiológico do Milagre, reflete as incertezas desse período sobre a possibilidade de os cristãos realizarem curas milagrosas. No fim de sua vida ele se retrata na obra *"Retractationes"* sobre o que escrevera no *"De Vera Religione"* acerca da freqüência e quantidade dos milagres. Cf. LANGELLA. op. cit. P.133

104 AGOSTINHO, op. cit. p. 80

105 EICHER, op. cit. p. 553

106 V.g. Milagre da multiplicação dos pães, do século IV, sobre a catacumba de S. Callixtus-Roma; a cura do paralítico em Ravena do

História que Agostinho, na obra Contra Faustum XXVI, 3, dissolve em Deus: *"Deus, o criador e fundador de toda realidade da natureza, nada faz contra a natureza".*

1.2. TOMÁS DE AQUINO. (Século XIII)

A *Suma Teológica* de Tomás de Aquino, gestada com a contribuição Aristotélica, inicia nova formulação da concepção do Milagre. Tomás mostra em suas obras que conhece e reconhece os três aspectos do milagre mencionados na Escritura. Conserva em seus escritos a totalidade da síntese agostiniana. Porém, o interesse teológico na Alta Idade Média passa, pouco a pouco, da função de sinal (aspecto semiológico) para a pergunta de cunho teórico-científico (aspecto ontológico). O que acontece, metafisicamente, no milagre? Em que consiste, aquilo que é próprio do agir divino, que aí se realiza?

A definição de milagre enfatiza Deus como agente transcendente, desta forma: *"para Tomas, a atividade universal de Deus, enquanto causa primeira, está no centro: 'Deus age em tudo o que age, estando até mesmo internamente presente e agindo em todo ente'* (De Pot. 3,7; S.Th I,8,1). *"Mas, a atividade universal de Deus não se deve pensar como causalidade única: Deus deixa às criaturas, enquanto causas segundas, 'as suas atividades próprias"* (contr. Gent III, 69; S. Th. I 105,5) *"e por pura bondade comunica-lhes a 'dignidade da causalidade'* (S. Th. I,22,3); *'a criatura dotada de razão' está, ademais, sujeita de maneira excelente, à divina providência, participando ela própria da providência, uma vez que pode 'prover' por si e por outros'* (S. Th I-II, 91,2)"[107].

A compreensão da causalidade é pressuposto para a definição cunhada por Tomás de Aquino. *"Deus não está ele próprio sujeito às ordens das causas segundas, mas pelo contrário, é esta ordem que lhe está sujeita 'ele pode por livre decisão da sua vontade 'agir' fora desta ordem, como bem lhe aprouver; por exemplo [ele pode] obter as atividades das causas segundas sem estas, ou produzir algumas atividades para as quais*

---

século VI; a ressurreição de Lázaro no século XIV em Bizâncio. LASSUS, Jean. *Enciclopédia das Artes Plásticas em todos os tempos - Cristandade Clássica e Bizantina.* Editora Expressão e Cultura, 1966, pp. 13.51.128.

107 cf. EICHER, op. cit. p. 553; LATOURELLE, op. cit. p. 633; FLORISTÁN, op. cit. p. 793

as causas segundas não são suficientes" (S. Th. I 105,6) - referindo-se a Agostinho (Contr. Faust. XXVI,3). Sendo assim, *"um milagre deve-se determinar como acontecimento fora de toda ordem da natureza que só pode ser operado por Deus"* (S. Th. I 105,7; cf. 110,4)"[108].

A interpretação dos escolásticos acerca da questão dos milagres trouxe grande novidade para a posterior compreensão. Eles se fixaram, demasiadamente, na definição e nem tanto na doutrina como um todo. Decorre disto, um conceito unilateralmente restrito ao agir do poder de Deus. *"fora da ordem da natureza inserida nas criaturas"* (S.Th. I 110, 4c). Esta interpretação escolástica do milagre vigorou na Igreja até o século XIX enfrentando ao longo destes anos a crítica racionalista, e os avanços das ciências[109].

2. A CRÍTICA RACIONALISTA DOS TEMPOS MODERNOS

A hermenêutica do Milagre sofre modificações profundas que levarão a Igreja no século XIX a repensar o enfoque adequado para uma autêntica compreensão do Milagre.

O milagre dentro do relato evangélico comporta uma cosmovisão tributária da cultura originante. Diante desta pré-compreensão de Homem, Deus e universo é que o racionalismo germinal no século XVI, com a oposição da verdade revelada pela verdade comprovada de Kepler e Galileu, até a rejeição categórica do século XVIII pela ciência interpretada pela razão filosófica. Mesmo que fora desta pré-compreensão bíblica o pré-conceito racionalista declara o milagre impossível ou inconveniente[110].

Baruch Spinoza em seu *"Tratado Teológico-Político"* (1670) expõe com grande logicidade e visão a compreensão de mundo e de Deus daqueles que cultivam a ciências da

---

108 EICHER, Idem.

109 Idem

110 A recente abordagem dos Milagres, a partir do confronto dos racionalistas com a definição clássica de São Tomás de Aquino, perpassa os capítulos da obra ápice da Parapsicologia, elucidando a intensidade desta discussão aberta. GONZALEZ-QUEVEDO, Oscar. *Milagres - A ciência confirma a fé.* 2ª ed. SP., Loyola, 2000. pp. 27ss.

natureza. *"Falar de um coisa contrária à natureza equivaleria a negar a existência de um Deus imutável"*[111]. Para ele, o povo não tem conceito correto nem de Deus, nem da natureza, por isso, atribui a Ele, o campo do extraordinário. Mas Deus jamais seria cúmplice de tal loucura contra as leis da natureza. Tal perspectiva foi amplamente assumida.

No começo do século XVIII, P. Bayle se dedicou a mostrar o aspecto ridículo da crença no Milagre. *"Este repugna à razão, pois, não há nada mais digno da grandeza de Deus e nada é mais indigno do ato de fé do que crer que Deus intervenha para lhe violar o curso"*[112].

David Hume (1748) ampliou a crítica, em seu escrito "*Uma investigação sobre a razão humana*", todavia agora, ao nível da teoria do conhecimento. *"Partiu da inegável tensão existente entre o testemunho de outros e a própria experiência: visto que o milagre representa uma transgressão das leis da natureza, e visto que a experiência que temos delas é sempre fixa e imutável, a prova contra o milagre é, pela própria natureza da coisa, tão concludente como pensar-se uma fundamentação dele pela experiência"*[113].

Voltaire, no *Dicionário Filosófico*, engrossa o caldo afirmando: *"Deus não podia perturbar sua máquina perfeita para fazê-la funcionar melhor. Ora, imaginar que Deus tenha operado milagres em favor dos homens é indigno de Deus. Atrever-se a supor milagre é o mesmo que insultá-lo. Em outras palavras, é chamá-lo de fraco e inconseqüente. Crer nos milagres significa de algum modo dissentir da Divindade"* [114].

Gotthold Ephraim Lessing intensifica a crítica moderna ao milagre mediante crítica histórica concreta à própria Bíblia, sobretudo às narrativas de Milagre. Na discussão sobre os fragmentos de Reimarus, ele chamou a atenção para o abismo existente entre os tempos de Cristo e os tempos presentes; alegando a dificuldade por não serem as narrativas de

---

111 Cf. LATOURELLE, op. cit. p. 625; EICHER, op. cit. p. 553

112 Idem

113 Idem

114 EICHER, op. cit. p. 554

milagre, os próprios milagres[115]. Não queria, Lessing, absolutamente contestar como verdades históricas os milagres, outrora, operadas. *"Mas em nome da razão iluminada protesta contra a pretensão e prática da Igreja de com aquela verdade saltar para uma classe totalmente diversa de verdade e exigir de mim que eu de acordo com ela deva mudar todos os meus conceitos metafísicos e morais"*[116].

Diante do racionalismo crescente surge a Apologética católica que numa tentativa de reagir, fixa-se no conceito de "interrupção das leis naturais" tão combatido pelas ciências naturais. A intenção era provar, metafisicamente, a possibilidade de intervenção imediata de Deus, mas também, pretendeu poder provar com evidência científica em determinados eventos miraculosos a realização real de semelhantes possibilidades. Chegou-se, às raias da perda do sentido religioso do milagre, cativo, devido às circunstâncias, da visão racionalista.

3. MAGISTÉRIO ECLESIAL.

Os dados esquematizados, supra, pretendem acenar para o terreno em que se moverão os pronunciamentos do Magistério Eclesial. Os milagres figuram na moldura do problema da historicidade dos evangelhos. Sua origem é relativamente recente, coincide com o problema do Jesus histórico a partir do século XVIII com Kant (racionalismo filosófico) Schleiermacher (racionalismo teológico) e Reimarus (racionalismo exegético)[117].

A perspectiva que apresentava os milagres em relação a Jesus Cristo era o vértice da discussão. Os sinais privilegiados eram os milagres e as profecias de Cristo, dos profetas e dos Apóstolos, de tal modo que, estes indicam o seu autor.

---

115 Cf. LATORELLE, op. cit. pp. 625-626

116 Cf. EICHER, op. cit. p.554. "Milagro" MODEN, Louis. In: *Sacramentum Mundi - Enciclopédia teologia*. (IV Tomo) Barcelona, Editorial Herder, 1973, p. 596.

117 Cf. CABA, J. *De los evangelios al Jesús Histórico*. Madrid, BAC, 1980, pp. 13-38.

As curas milagrosas ligadas aos lugares de oração (nos santuários, junto de relíquias de mártires ou de outros santos) são colocadas sob o crivo da perícia médica que deverá lançar um juízo acerca dos componentes do sinal. Este período tem duas fortes características: a primeira, o desligamento dos milagres de sua chave de inteligibilidade evangélica; e a segunda, a crença exacerbada nas ciências experimentais.

Neste contexto, os critérios de análise dos fatos, propostos por Bento XIV, em 1740 representam um avanço[118]. A realidade complexa do milagre exige que o seu *"discernimento metódico recorra à interdisciplinaridade da história, da perícia médica, da física, da teologia, do direito canônico, da experiência eclesial. Somente assim, ter-se-á o próprio fato, enquanto historicamente atestado (exame de competência da instância histórica), enquanto insólito e prodigioso (exame que compete à instância médica), enquanto inserido num contexto certamente religioso (exame que compete mais diretamente à instância eclesial). Uma vez que a síntese prudencial e não infalível compete à Igreja"*[119].

A Encíclica *"Qui pluribus"* de Pio IX em 9 de novembro de 1846 apresenta os motivos de credibilidade da religião num sintético e retórico trecho. Neste aparece entre outros os milagres como *"argumento fulgentes e numerosos"* que atestam *"que a fé cristã é obra de Deus"*[120].

Na sétima proposição da *"Sullabus"*, de modo mais enérgico, contra o enfoque absolutamente racionalista do fim de século XVIII, aponta os erros principais da época quanto à interpretação da Escritura. *"As profecias e milagres expostos e referidos nas escrituras santas são ficções de poetas..."*[121].

---

118 O Magistério de Bento XIV no tangente aos milagres é retomado em alta consideração na obra *"Milagres – a ciência confirma a fé"*. Nela o autor se refere a Bento XIV como o "Sábio Papa parapsicólogo". GONZÁLEZ-QUEVEDO. op. cit. p. 136

119 LATOURELLE, op. cit. p. 638-639

120 Cf. DS 2779;

121 DS 2907

O Concílio Vaticano I confirmou a proposição sétima de Pio IX, definitivamente. Pronunciou um anátema aos que conceberem como fábula ou mito e descartarem a possibilidade de que pelo seu conhecimento provemos a origem divina da Religião Cristã[122].

O Motu próprio *"Sacrorum Antistitum"* que promulgava a obrigação de prestar o juramento antimodernista (1° de setembro de 1910) também, afirmavam servir os milagres e profecias para estabelecer solidamente "a origem divina da Religião Cristã[123]. Tal afirmação se repete em 1950, na Encíclica *"Humani Generis"*, que tratava dos novos desenvolvimentos e perigos na Teologia[124].

Os sinais têm a função de atestação e permitem pontuar com certeza a origem divina da doutrina da salvação. A ligação se estabelece nitidamente entre a mensagem cristã e sua origem divina.

O Concílio Vaticano II orientou melhor a perspectiva de interpretação dos milagres. O esforço deste Concílio foi personalizar a revelação e, por conseguinte, a apresentação dos sinais. *"Cristo é a plenitude da revelação e é Deus em pessoa, com seu irromper na história, na carne e na linguagem, e é ao mesmo tempo o sinal que se atesta como Deus-entre-nós: com o próprio fato de sua presença e com a manifestação que faz de si, com a palavra e as obras, com os sinais e os milagres... realiza e completa a revelação e a corrobora com o testemunho divino, isto é, de que Deus está conosco..."*[125]. Os sinais não acompanham a mensagem de Cristo como carimbo numa carta, garantindo a autenticidade, com efeito, eles emanam deste centro pessoal que é Cristo mesmo. Liberta-se de uma visão jurídica voltando a visão personalista e cristocêntrica.

Distantes trinta anos do Vaticano II e habitando um contexto eivado de um pluralismo religioso, o Magistério Episcopal Brasileiro emite um pronunciamento direcionado à Renovação Carismática Católica, depois de refletir sobre os vários

122 DS 3034
123 Este juramento foi suspenso em 1950. Cf. DS 3539
124 DS 3876
125 DS 4204 Paulo VI - Dei Verbum: Sobre a Divina Revelação

Movimentos Eclesiais de renovação espiritual, nascidos da pastoral pós-conciliar. Os milagres se enquadram, contemporaneamente, na moldura dos Dons Carismáticos de Cura[126].

A orientação pastoral da CNBB pondera o reconhecido "carisma de cura" de algumas pessoas, enquanto manifestam a força da graça do Ressuscitado. Todavia, lembra que o Senhor nos basta e que os sofrimentos são superados pelo sentido redentor. O término do documento é uma exortação à vigilância quanto a qualquer *"espírito milagreiro e mágico, estranho à prática da Igreja Católica"*[127].

A Congregação para a Doutrina da Fé respondendo ao problema do justo discernimento do ponto de vista litúrgico, à cargo da autoridade eclesiástica, publica a *"Instrução sobre as orações para alcançar de Deus a cura"*. O texto articulado em dois momentos, sendo o primeiro, um enquadramento doutrinal da doença e cura na economia da salvação; e o segundo, uma exposição, em dez artigos, das disposições disciplinares para a realização das orações de cura litúrgicas e não litúrgicas.

Na primeira parte apresenta a doutrina da Igreja acerca do desejo da cura e a oração para alcançá-la, nos múltiplos momentos da sua história. No contexto atual, especifica a transição dos abundantes testemunhos de curas, que outrora, eram ligados aos lugares de oração e que agora, comportam o chamado "carisma de cura" ligado a um eventual detentor do Dom, manifesto em reuniões de oração, feitas para tal finalidade.

Pondera dois outros elementos, a saber: em primeiro lugar, as intenções de obtenção de cura subjacentes às celebrações dos santuários, tanto por parte dos organizadores, quanto

---

126 A vasta literatura sobre o assunto - como desde como obter o Dom de Cura até as sistematizações críticas - preocupou a Igreja que não se reconhece nesta mentalidade, em alguns extratos milagreira Cf. CNBB. *Orientações Pastorais sobre a Renovação Carismática Católica*. São Paulo, Paulinas, 1994 (Col. "Documentos da CNBB", n.53). Desta literatura de referência podemos citar a Coleção "Ofensiva Nacional da RCC" e alguns teóricos: Pe. Robert De Grandis; Cardeal Suenens ; os estudos sobre o pentecostalismo católico de René Lauretan; e ainda, Frei Raniero Catalamessa.

127 CNBB. op. cit. n. 58 e 59

dos que nelas participam, ainda que, não se destinem especificamente a implorar de Deus graças de curas; em segundo lugar, assevera que o "carisma de cura" (1Cor 12) não se atribui a uma determinada categoria de fiéis, em sentido distributivo, mas de modo diferenciado, o dom é concedido, pela vontade totalmente livre do Espírito Santo, a determinadas pessoas, tendo em vista obter graças de curas, em favor de outros.

Encerra a Instrução apresentando as disposições disciplinares, atendo-se ao modo celebrativo das orações de cura que, por sua vez, lhe darão a qualificação litúrgica e não litúrgicas[128].

4 O MILAGRE DENTRO DO UNIVERSO TEOLÓGICO

A noção de milagre, em nossa reflexão é, em alguns momentos, a compreensão clássica e seu discernimento na Igreja, e em outros, ampliamos sua aplicabilidade, partindo para seu campo semântico. Esta foi uma maneira que escolhemos para tentar perceber a inferência da temática do milagre, em algumas disciplinas da Teologia sistemática.

Iniciamos tentando alinhavar o pano de fundo sobre o qual se postula a questão: do milagre, de uma tendência milagreira e do imperativo reflexivo acerca do assunto.

Num segundo momento, objetivamos mostrar a relação existente entre o maravilhoso, a Igreja e a Pastoral. Esta abordagem apresenta uma espécie de balanço eclesiológico, cristológico, teológico, pneumatológico, advindos de tal vivência específica do milagre.

Num terceiro momento, sintetizamos a mudança do sentido do milagre no horizonte da Teologia fundamental. A argumentação apologética tradicional que o concebia como prova da Revelação, deságua na nova impostação que os integra ao milagre singular da Ressurreição.

---

128 CONGREGAÇÃO PARA A DOUTRINA DA FÉ. *Instrução sobre as orações para alcançar de Deus a cura*. São Paulo, Paulinas, 2000.

No quarto momento, vimos por bem, tomar o milagre enquanto possibilidade no existencial histórico. Partindo da contribuição da Antropologia teológica discorremos sobre o miraculoso na nossa dimensão experiencial.

4.1 O SAGRADO NA PÓS-MODERNIDADE

A abordagem é ousada em dois pontos: primeiro pela amplitude dos termos intitulados; e, segundo, multiplicidade de perspectivas que permitiriam assumir o sagrado no contexto plural e fragmentado, da chamada pós-modernidade[129].

Os sociólogos da religião, em seu trabalho de análise da situação geral do fenômeno religioso, apresentam a sociedade moderna e pós-moderna experienciando o surto do sagrado. Entre os teóricos, há os defensores da tese de que a religião na sociedade pós-moderna oscila entre a secularização e a dessecularização[130].

Leve-se em conta que, nesta sociedade em que o sagrado encontra na religião a sua expressão organizada, a formação social capitalista neoliberal se adapta perfeitamente a partir de seus elementos constitutivos, como: individualização, subjetivação, privatização da religião na modernidade.

A década de 60 passou para a história denominada como *"eclipse do sagrado"* através do qual proclamou-se o *"fim do monopólio das tradições religiosas"*. Neste contexto específico, já não são as Igrejas ou religiões institucionais que criam necessariamente o espaço da experiência religiosa. O sagrado está entregue às vivências

---

129 O debate em torno da real descontinuidade entre as condições sócio-culturais e aquelas próprias da sociedade moderna continua no âmbito filosófico. O termo pós-moderno (entre aspas, pois, trata-se de hipótese a ser verificada) entrou no debate contemporâneo especialmente depois da obra de LYOTARD, J. F. *La Condizione Postmoderna. Rapporto sul sapere* - assumindo um termo já presente na literatura sociológica. Norte Americana. Cf. MARTELLI, Stefano. *A religião na sociedade pós-moderna*. SP., Paulinas, 1995, p. 416

130 Os cenários apresentados pelo autor da tese delineiam, de maneira aberta, as oportunidades e as contingências do atual e mudado clima cultural oferecido à religião, especialmente no seu significado próprio e institucional. Ibidem., pp. 452-468.

pessoais, individuais em processo crescente de privatização e individualização. Pensava-se, então, num processo de ocultamento religioso e triunfo da secularização.

A surpresa veio com o reverso das décadas seguintes. O colapso do sagrado cede lugar ao *"eclipse da Secularização"* ou a dessecularização[131]. Despontam os agentes religiosos provocando o crescimento da religião privatizada com suas multiformes expressões. Desligados de vínculos limitantes, multiplicam as expressões religiosas gerando uma sensação de inundação religiosa. Com isso, instaurar-se o regime de concorrência religiosa entre as novas formas religiosas (marketing religioso). Estas ganham visibilidade, não em nome de instituições vinculantes, mas, como oferta às necessidades sentidas pelas pessoas.

Uma ramificação do processo de secularização aprofunda suas raízes. Por exemplo, as instituições religiosas perdem força enquanto sistemas de significações e motor dos esforços humanos. O aspecto institucional tem valor para as pessoas, à medida que lhes responde aos desejos, demanda ou expectativas. Elas assumem os elementos das religiões que no momento lhes satisfaçam os anseios. *"E não se inibem de fazê-lo misturando fragmentos religiosos provenientes de diferentes fontes religiosas num ecletismo existencial, posto dogmática e teoricamente contraditório"* [132]. Este acento se evidencia quanto mais aumentam pluralismo, ofertas e combinações religiosas.

Já se afirmou acima que o sagrado na pós-modernidade gesta em seu interior um movimento religioso plural que se coaduna com o império neoliberal. Este traço adquirirá proporção sempre que a sociedade pós-moderna se definir pela *"individualização das formas religiosas correspondentes ao sistemas de idéias e valores reinantes nesse momento sócio, político, econômico e cultural"* [133].

Esse surto religioso carente de tônus crítico, favorece o sistema vigente desempenhando papel terapêutico, tranqüilizante. As angústias provocadas pelo corte

[131] Cf. MARTELLI, op. cit. pp. 433ss.
[132] LIBÂNIO, J. B. *O Sagrado na Pós-modernidade*. In: CALIMAN, Cleto (org.). *Sedução do Sagrado*. Petrópolis, Vozes, 1998, p. 62.
[133] Ibidem. p. 63

materialista do modelo vigente, o consumismo, a ausência de valores transcendentes, sem ética, competitividade, a decepção e o ceticismo das pessoas, vítimas do sistema, são aliviados pelas formas religiosas oferecidas.

A mídia, recurso eficiente, que alimenta a efervescência do sagrado estende sua influência numa dinâmica de impacto de expressões religiosas. Como, por exemplo, o lado emocional da onda espiritualista e carismática, bastante enfatizado.

Porém, o corte espiritualista, privatizado e individualista não esgota as possibilidades do fenômeno religioso atual. Existe a face, convenientemente menos enfatizada, de natureza crítico-profética e utópica que reage aos imperativos do sistema[134].

4.2 A RELAÇÃO DO MARAVILHOSO COM A IGREJA E A PASTORAL

Inspirados nos parâmetros de Gaudium et Spes nº 40 que apontam o caminho do mundo como o caminho da Igreja anunciadora e servidora da verdade de Jesus Cristo, passo a refletir sobre os desafios da Pastoral diante do impacto entre o surto sagrado e o ressurgir pentecostal.

Depois da implantação do pentecostalismo, vindo dos Estados Unidos nos inícios do século passado, a Pastoral católica e a Igreja como um todo viu se estruturar um cenário religioso diferente da América Latina de até então[135]. No pentecostalismo brasileiro identificamos três ondas. A primeira onda vê-se nas Assembléias de Deus, de caráter rigorista e fechado em grupos fervorosos (distintivo: dom de línguas estranhas); Igrejas do

---

[134] A respeito deste ponto remeto à recente contribuição - As lógicas da participação e da mobilização In: LIBÂNIO, J. B. *As lógicas da cidade. O impacto sobre a fé e sob o impacto da fé.* SP. Loyola, 2001, pp.145-176

[135] Há consenso entre os vários autores a respeito da tese que sustenta, a importação de pentecostais ligada uma proposta política de infiltração de padrões psicossociais e culturais que neutralizassem os esforços de afirmação da identidade Latino americana. O enquadramento ideológico político foi interpretado por Décio Monteiro de Lima (Francisco Alves 1987) em seu livro *"Os demônios descem do Norte"*. E outros o seguiram como: José Comblin, Bernardino Leers, João Batista Libânio.

tipo "Deus é amor", representam a segunda onda, que sociologicamente se expressam mais na linha do "movimento" que de uma "denominação" ou "igreja" (distintivo: Dom da cura). O "pentecostalismo autônomo" tipificado pela Igreja Universal do Reino de Deus (IURD) é a onda mais recente, alicerçada no trinômio Cura-Exorcismo-Prosperidade (distintivo: tendência mercadológica)[136].

A este enquadramento ideológico político devemos acrescentar o regime militar aproveitador das possibilidades alienantes de certas presenças pentecostais em detrimento a atitudes proféticas da Igreja Católica e das Igrejas Protestantes Históricas. Tal estratégia não foi totalmente abolida se se recorre às estatísticas governamentais atuais vemos, paradoxalmente, o governo proclamando sua emancipação da Igreja e se apoderando do que ela faz[137].

O Pentecostalismo e o Neo-pentecostalismo encontram sua força principal nas demandas da modernidade e pós-modernidade. Nela se valoriza o individualismo, subjetivismo, o espontaneísmo, a autonomia, a experiência e a dimensão do Marketing. As promessas de melhoria, são freqüentes, e sob certos aspectos, materialmente, elas aparecem na saúde, no bem estar, no rendimento econômico, na vida de seus membros, sobretudo os altamente carentes. Sua contradição ideologia oculta o processo de empobrecimento a que está submetida uma imensa multidão de vítimas indefesas do neoliberalismo imoral e selvagem.

Ilustra perfeitamente a este tipo de utilização da ideologia religosa, a Igreja Universal do Reino de Deus, camuflados religiosamente, Nela os mecanismos mercadológicos, na acepção mais moderna de economia, extrapola o campo do fenômeno religioso e teológico.

---

136 Cf. VALLE, Edênio. *Psicología e Experiencia Religiosa – estudos introdutórios.* SP., Loyola, 1998, pp. 159-160

137 PEREIRA, Leonardo Lucas e TOSTA, Sandra de Fátima Pereira. *Frei Bernardino: um jeito de viver: sociedade, religião e moral.* Petrópolis, Vozes, 2000 p. 143-144.

Aqui a expressão do sagrado se dá no emocional, na forma exaltada de rezar, na busca de intervenção direta da divindade na História humana. Nesta experiência religiosa, freqüentemente, o sagrado não transforma o indivíduo a partir de suas estruturas existenciais, tangendo somente, a superficialidade dos sentimentos e das emoções.

O discurso e as práticas das Igrejas pentecostais tem um público garantido entre os desesperados, os angustiados, os desiludidos da vida, os que buscam na bebida e nos vícios, uma solução para seus dramas pessoais e os que vivem desnorteados pela ausência de padrões éticos e religiosos.

A contradição nefasta do pentecostalismo é que, enquanto filho da modernidade e pós-modernidade, critica a racionalidade instrumental e simultaneamente, vê os indivíduos submetidos a forças demoníacas, dependentes dos poderes sobrenaturais dos exorcistas; desconsideram as contribuições da exegese moderna e praticam a leitura fundamentalista da Bíblia; expressam concepção de liberdade enquanto conformação com imposições éticas, doutrinais e políticas das igrejas, entre outros.

Nas periferias das grandes cidades as comunidades católicas se perdem no número crescente de Igrejas pentecostais, não raro, anti-ecumênicas e proselitistas. O sentido de pertença eclesial revela-se, diante disso, extremamente fragilizado, como que, um desafio na capacidade de forjar a identidade da grande maioria de seus membros[138].

A tentação de enquadrar, juridicamente, os componentes da realidade eclesial fez com que se menosprezasse um elemento importante do Cristianismo Primitivo: a riqueza de dons concedidos pelo Espírito à Igreja. A pneumatologia pentecostal proclama que o

---

138 Edênio Valle ao comentar a atração dos excluídos pelo pentecostalismo como um desafio para a pastoral católica na América Latina, explica que "uma das formas que encontramos para resistir e reafirmar sua humanidade é a busca de outro espaço onde possam se encontrar com o sagrado e consigo mesmos, criando uma cultura partilhada que os reconheça como pessoas". E acrescenta: "o socialmente excluído recria, por meio do religioso - e não só em sentido simbólico alienante - sua humanidade perdida" - Cf. VALLE, Edênio. *Psicología e Experiencia Religiosa - estudos introdutórios.* SP., Loyola, 1998, pp. 176-177.

Espírito Santo continua a prodigalizar, abundantemente, dons extraordinários, desafiando a teologia a repensar esta problemática com acuidade. O movimento pentecostal evidencia um tema mal abordado na teologia: a questão dos carismas. Uma reavaliação desta temática poderia evitar interpretações anacrônicas do texto bíblico que leva a supervalorizar certos modelos eclesiais das primitivas comunidades cristãs. A leitura fundamentalista tem produzido sentidos contrários à dinâmica interna da Palavra de Deus e da Tradição histórica que discerne onde e como o Espírito atua hoje[139].

A cristologia veiculada nos ambientes pentecostais é expressa no gênero de proclamações eufóricas e invocações "ziguráticas"[140]. O nome Jesus é mil vez repetido, traz alívio para as consciências, bem estar para os corações, tranqüilidade diante dos problemas deste mundo, satisfação de necessidades prementes. É uma cristologia intimista, emocional, triunfalista, anabática, embora sem consistência dogmática. Existe a carência de uma catequese cristológica, alicerçada na Tradição Evangélica; a tradição cristológica que se forjou através dos tempos, na fidelidade apostólica.

A teologia, que fundamenta o pentecostalismo, simultaneamente fomenta uma grande familiaridade com Deus e uma concepção manipuladora da divindade, com promessas ousadas de curas e exorcismos e com a demanda sôfrega de milagres, garantidos por um fideísmo incondicional.

A eclesiologia pentecostal apresentam uma nova imagem de igreja, em cujas fontes estão: a posse do carisma como pré-requisito para o exercício dos ministérios e serviços; a dimensão pneumatológico-carismática da Igreja, a oração cheia de vida; a manifestação de carismas extraordinários.

---

139 Cf. Perspectiva Teológica, *Editorial*, ano XXVIII, n. 76. 1996 p.289. O teólogo J. B. Libânio, também, menciona a problemática fundamentalista dos textos de 1Cor 12 - Libânio, *O sagrado na pós-modernidade... op. cit.*, 76-77. A avaliação moral de Bernardino Leers referente às curas e outras manifestações extraordinárias o leva a comentar estes textos - PEREIRA e TOSTA. *Frei Bernardino: um jeito de viver: sociedade, religião e moral* op. cit. pp.148-150

140 O neologismo é nosso, derivado da crença dos povos antigos de que suas invocações gozavam do poder de obrigar a manifestação da divindade, em circunstância determinada.

O pentecostalismo coloca em cheque a liturgia católica que demora revalorizar a riqueza da liturgia cristã inculturada. E mais. As linhas fundamentais para compreensão da atividade terapêutica da Igreja manifesta nas três vertentes, a saber: primeira, a dimensão carismática da experiência Cristã; segunda, a dimensão litúrgico-sacramental; terceira, a dimensão própria da vivência de fé dos crentes são tratados à margem, pela teologia, como aspectos do Mistério da Salvação[141]. Daí, as celebrações pentecostais que primam pela descontração, pela alegria, pela musicalidade envolvente, pelo ambiente festivo, traduzem o sentido, num clima de empolgação religiosa[142].

Deve-se admitir que a onda pentecostal representa, mais uma vez, a urgência da recolocação da opção preferencial pelos pobres. Afinal, a insistência no dom da cura, na libertação do poder demoníaco, nas promessas de milagres, somados aos cultos onde se possibilita extravasar os sentimentos, na melhoria de vida e na pretensa idéia de ascensão social, transformaram as igrejas pentecostais em autênticos *"refugium pauperum"*. As pessoas buscam os cultos almejando solução para os problemas imediatos e graves, luta e sem esforço, implorando intervenção direta de Deus[143].

A Igreja Católica, na análise do teólogo João Batista Libânio, sente, ao mesmo tempo, uma atração pelo surto religioso externo que a questiona de fora e uma irrupção do pentecostalismo no seu interior. Vamos emoldurar, sumariamente, esse duplo fenômeno a partir do processo histórico desenvolvido pela Igreja no Ocidente.

Não se oculta que a Igreja experimenta sua vulnerabilidade ao influxo do atual pentecostalismo. A Igreja engloba, em seu interior, uma tensão constante entre a tendência à rigidez estrutural e a tendência ao relaxamento, às raias da libertinagem. Paulo aponta a via da liberdade cristã como superação (Gl 5,1).

---

141 LANGELLA, op. cit. pp. 100-161

142 Vale consultar o interessante estudo sobre o dinamismo celebrativo pentecostal de CORTEN, André. *Os pobres e o Espírito Santo – O pentecostalismo no Brasil.* Petrópolis, Vozes, 1996, pp. 117-134

143 Cf. Perspectiva Teológica, *art. cit.* , pp.289.

A história da Igreja atesta a dificuldade de conservar a dialética sem que um dos pólos se impusesse[144]. No Ocidente, por medo de que a Igreja perdesse o seu norte, preferiu-se recalcar a liberdade, não só nas suas formas libertinas, mas também em suas autênticas manifestações[145].

A opção pela norma, estabilidade assiste a uma reação desordenada vinda de fora, denominada de Nova Era. "*É um sagrado pós moderno com cortes neo-pagãos. Infiltra-se na Igreja com toques panteístas, monistas. Identifica a liberdade com individualização, autonomia, experimentalismo sem barreira*"[146].

No interior da Igreja surgem, ainda, formas carismáticas. Fenômenos explicáveis pela trajetória teológica e institucional da Igreja católica no Ocidente. Há um déficit carismático, pentecostal acumulado ao longo dos séculos. Embora, nos lembremos da Igreja do Novo Testamento em Corinto, na qual Paulo discute a relevância dos carismas e seus discernimento no Amor (1Cor 13).

Algumas interpretações correntes vêem as próprias escrituras do Novo testamento como um freio ao carismatismo inicial. Neste ponto sigo a ponderação de José Comblin: parece mais correto, historicamente, afirmar que a crise montanista do final do século II, na amálgama de suas convicções para a Igreja - uma mistura explosiva de ascetismo, apelo à profecia, contestação sectária, expectativas escatológicas - fez perpetuar para tempos posteriores da Igreja institucional uma permanente desconfiança aos surtos carismáticos, messiânicos e escatológicos[147].

Deve-se mencionar que um olhar histórico nos permitiria enxergar o irromper, não raro, de "*surtos carismáticos abalando fundamentos da Igreja visível e institucional com objetivo de criar uma Igreja do Espírito (montanismo, cátaros, albingenses, valdenses, etc.), de iniciar um tempo do Espirito (J. de Fiore e sua herança), de fazer dela uma Igreja*

---

144 Rahner, Karl. *Lo dinâmico en la Iglesia*. Barcelona, Herder, 1963, pp.76-92

145 Cf.Libânio, *O sagrado na pós-modernidade... op. cit.*, p. 76

146 Idem

147 Cf. LIBÂNIO *Ibidem*, p. 77

dos Pobres (Fraticelli ou movimento dos pobres) e tantos outros"[148]. Todos estes aumentaram o déficit carismático da Igreja Católica Ocidental.

O surgimento de movimentos carismáticos na Igreja católica, de tendência mantenedora do Institucional, não representa anormalidade. Essa onda carismática pentecostal compensa o enorme déficit carismático dos séculos passados, o que para alguns, trata-se de um superávit carismático sob forma messiânica, espiritualista, neopentecostal[149]. Certo é que, a necessária tensão dentro da Igreja faz parte da natureza mesma das coisas, tornando-se ilícito, considerá-la um mal inevitável, ainda que, evidente o seu caráter dialético[150].

O processo de Evangelização inspirado no Jesus terno e compassivo, que nos transmitem os relatos de milagre, nos faz almejar uma sociedade potencializada a ser âmbitos da Boa Notícia. Os pobres, no contexto hodierno, são para Católicos e Pentecostais um ponto de convergência, mesmo que permeado pela ambivalência histórica. O trabalho ecumênico de hoje deve ser repensado para as Igrejas Cristãs a partir do critério de qualitativo evangélico e não do quantitativo. O último pensa o pobre, inferiorizado socialmente, mas não por causa de sua riqueza cultural. Urge, defendermos o direito a alteridade do outro, a fim de libertarmos - das armações sistêmicas, contaminadas pelo etnocentrismo e colonialismo históricos - nossa opção pelos pobres feita, muita das vezes, sem a opção pelos outros.

O pobre, historicamente defendido na Igreja, também é um outro. Porém, é um outro no interior desta Igreja. Trata-se de uma opção *ad intra.* A opção pelos outros é complementar à opção pelos pobres e representa uma opção missionária *ad extra,* uma abertura ao mundo, plural de culturas e credos. Deste modo, poder-se-á esperar o miraculoso permanente acontecer na Igreja, quando a alteridade for assumida como riqueza a ser permanentemente defendida. Neste ínterin, teremos um processo evangelizador que

[148] LIBÂNIO, Ibidem p.77

[149] Idem.

[150] RAHNER, *Lo dinâmico en la Iglesia*, op. cit. pp. 80-85; Cf. Novas formas de comunidade como sinal da comunhão crescente em KEHL, Medard. *A Igreja: Uma eclesiologia Católica.* SP. Loyola, 1997, pp. 207ss

cria âmbitos de Boa Notícia, na ternura e compaixão, partindo dos projetos históricos dos outros[151].

Contudo, o discernimento eclesial, enquanto carisma e ministério, é a maneira singular da Igreja adentrar criticamente neste engendrado cenário religioso nacional. Pois se de um lado, o fenômeno carismático pentecostal reivindica uma origem cristã, chegando em algumas de suas camadas, a inserir-se no projeto cristão; de outro lado, carece, muitas vezes, de parâmetros teológicos, cristológicos, pneumatológicos que lhe garantam autenticidade cristã.

4.3 O SENTIDO DO MILAGRE NA TEOLOGIA FUNDAMENTAL

O milagre desempenhou importante papel no discurso apologético da Teologia fundamental tradicional. A tese principal do tratado era provar que a Revelação de Deus chegou à sua plenitude em Jesus Cristo e é conservada e proposta pela Igreja Católica.

Parte-se de uma revelação natural e pergunta-se, se é possível uma outra maneira de Deus manifestar-se. Se o pode, temos uma Revelação Divina. *"Uma revelação sobrenatural livre e imerecida por parte do homem. Portanto, revelação (sobrenatural) é uma manifestação, uma fala de Deus atestada uma verdade, por outra via além da criação. Deste modo, o homem acolhe tal verdade, não por causa de sua evidência intrínseca, mas por causa da autoridade de Deus revelador"* [152].

Ainda que o conceito de revelação sobrenatural tenha se firmado pergunta-se sobre a possibilidade da revelação e esta se estabelece a partir de três ângulos: a) da parte de Deus, pois, ele é um ser infinito em poder, sabedoria e bondade; b) da parte do homem,

---

151 Paulo Suess, numa visão histórica, analisa em seus escritos as atitudes racistas e colonialistas que caracterizaram as opções pelos pobres, sem uma opção pelo direito da alteridade do outro. Cf. SUESS, Paulo Guenter. *Queimada e Semeadura. Da conquista Espiritual ao Descobrimento de uma Nova Evangelização.* Petrópolis, Vozes, 1988, p. 12.

152 LIBÂNIO, J. B. *Teologia da Revelação a partir da Modernidade.* SP., Loyola, 1992, p. 41

pois, ele é capaz de captar a comunicação de Deus; c) e, da parte do objeto revelado não há nada que impeça o acesso à verdade sobrenatural.

Como o milagre supera todas as possibilidades criadas, a revelação torna-se, moralmente necessária, para que todos os homens tenham fácil acesso a ela.

Neste momento é que o milagre entra como critério de discernibilidade da revelação divina. O itinerário teórico da apologética faz o seguinte raciocínio: deve-se, encontrar na verdadeira revelação algum sinal externo, fácil de ser verificado, que indubitavelmente, indique a presença de Deus. Ora, tal sinal é o milagre. Com efeito, o milagre é uma ação que só pode ser feita por Deus, porque é um fato externo, visível, constatável que supera todas as forças da Natureza. *"O milagre pertence à mesma natureza de um ato criativo, e segundo a sã filosofia, só Deus pode criar, e nenhuma criatura pode por si mesma participar desse ato, a não ser como mediador de Deus"* [153].

O milagre é uma ação exclusiva de Deus e uma prova da verdadeira revelação de Deus. Ora, Deus não faria uma falsa revelação, nem nos enganaria. Por isso, onde houver milagres, aí está a verdadeira Revelação.

A verdadeira Revelação se pretende única e verdadeira, excluindo todas as outras. Para isso, coloca sua fonte, ou seja, os quatro evangelhos a disposição para serem *"investigados com toda a racionalidade científica, aplicando-se-lhes os métodos de natureza crítico-histórica e crítico-literária"* [154]. Na evolução da apologética configuram-se dois elementos fundamentais para provar de fato a revelação: o critério infalível do milagre para discernir a autenticidade da Revelação e as fontes históricas da Revelação íntegras, genuínas, autênticas e fidedignas. A última etapa do trajeto da apologética clássica era aplicar o critério do milagre às afirmações centrais dessas fontes.

Parte-se da tríplice afirmação de Jesus nos evangelhos que diz ser o Messias, o Filho do Homem e o Filho de Deus. Acaso Jesus não estaria enganado acerca de seu ser e

---

153 Ibidem., p. 42
154 Ibidem. p. 43

vocação. Então, o milagre aparece como o selo divino, a marca do Sigilo de Deus que permite que Jesus realize milagres sem falsidade. Os fatos que superavam as forças da natureza, confluíam para a confirmação Jesus é o verdadeiro revelador divino.

No limite da vida de Jesus, ele quis confiar esta guarda fiel e a transmissão dessa revelação aos doze, dos quais Pedro é a cabeça do colégio apostólico e autoridade suprema na guarda e transmissão da revelação divina.

Jesus, o Revelador Divino, não se enganou em escolher como sucessores Pedro e os Apóstolos. Historicamente, a Igreja Católica Apostólica Romana é a única que reivindica o ser sucessora dos doze e da Cabeça Pedro. Logo, ela é a verdadeira Igreja. Nela se encontra a condição imposta por Cristo para ser sua Igreja e transmissora da verdadeira revelação.

O milagre, por tanto, provava na apologética tradicional racionalmente, a revelação cristã como tal e a Igreja como transmissora oficial dessa revelação ao longo da história e por todo o mundo[155].

O Concílio Vaticano I juntamente com a teologia fundamental dos séculos XIX e XX insistem na função comprobatória do milagre. Segundo Latourelle, não se excluem as outras funções significativas, pois, o milagre não admite um conceito homogêneo e unívoco, ao contrário, seu caráter é polivalente. São nos evangelhos que aparecem essa multiplicidade de aspectos.

No Novo Testamento, os milagres da vida de Jesus são mais que demonstrações prodigiosas inteiramente extrínsecas a realidade que devem testemunhar e legitimar. O milagre é σεμειον, isto é manifestação do agir salvífico de Deus em sua graça e revelação. O sinal *"é a camada mais externa pela qual a ação salvífica reveladora de Deus penetra na dimensão de nossa experiência corporal. Um σεμειον "sinal" desta índole, por sua própria natureza e forma, condiciona essencial e necessariamente, o que se pretende*

155 Cf. Ibidem. p. 45

mostrar com o milagre"[156]. Deste modo o milagre em uma história real de salvação *"torna-se totalmente diferente, uma vez que, inclusive a forma do milagre participa do processo histórico da história da salvação e revelação como tal"* [157].

A natureza própria dos milagres testemunhada pelo Novo Testamento mostra que eles não são do mesmo tipo e sua freqüência participa da variabilidade interna que o caracteriza.

Além do mais, sua natureza deixa claro que os milagres são para um destinatário bem determinado. *"Não são 'bruta facta', mas apelo a um sujeito cognoscente em bem determinada situação"*[158]. O milagre exerce, outrossim, a função de apelo. Ele pretende desempenhar função de apelo a ressoar na unicidade da situação concreta de determinada pessoa. Sem se olvidar do milagre na sua função simbólica, deste modo, visualiza a palavra e lhe dá relevo, numa economia de encarnação[159].

A nova impostação da Teologia fundamental situa o milagre em seu verdadeiro contexto de salvação e busca defini-la melhor. A problemática advém da compreensão do mundo com suas leis e também da relação entre Deus e o mundo.

Em muitos momentos, o milagre entendido como supressão das leis da natureza entrou em colisão com a racionalidade moderna. Se a natureza tem suas leis estabelecidas por uma inteligência ordenadora, instalar-se-ia uma incoerência, o fato de Deus suspender as leis naturais. Karl Rahner explica assim, há uma certa lógica, que inclusive integra o conceito cristão de Deus, que Ele suspenda as leis da natureza. Está no fato de que *"Deus se contradistingue deste mundo em soberana liberdade, onipotência e transcendência com respeito ao mundo, e neste preciso sentido não está vinculado às leis naturais, poderemos dizer: os milagres são algo como que suspensões das leis naturais"* [160].

---

156 RAHNER, Karl, *Curso Fundamental da Fé.* SP, Paulinas, 1989, p. 306.

157 Idem.

158 Idem.

159 LATOURELLE. René. *Teologia da Revelação* SP, Paulinas, 1985, pp. 522-525

160 Ibidem., 308

O conceito de Milagre supera a interrupção das leis naturais, em virtude de sua própria natureza. *"Deus não é somente aquele que cria um mundo distinto dele com suas próprias estruturas, leis e dinâmicas e que o põe continuamente fora de si, o seu fundamento criador. Mas Deus tornou-se ele próprio, por autocomunicação sobrenatural livre, a dinâmica última e mais alta deste mundo e da sua História, de tal sorte que a criação do diverso dele mesmo se concebe, de antemão, como momento dessa autocomunicação divina ao outro e diverso dele, momento pressuposto por essa autocomunicação divina como condição de sua própria possibilidade, enquanto a autocomunicação de Deus se constitui para si o seu destinatário exatamente no mundo criado ex nihilo sui et subjecti"*[161].

Nesta relação entre Deus e homem podemos ainda evocar a contribuição de Latourelle, que nos diz com simplicidade: *"o universo infra-humano está ordenado ao homem e este último, por sua vez, está aberto à ação transcendente de Deus. O milagre, por sua vez, liberta o universo físico de seus 'limites', eleva-o e o faz colaborar com a ordem superior da salvação. De tal modo que é legítimo dizer no universo físico há o determinismo das leis, mas é compreensível que Deus manifeste sua iniciativa totalmente gratuita na História e no cosmo"*[162].

Resta-nos fazer uma menção aos milagres de Jesus, arquétipos do singular milagre de sua Ressurreição, do qual os milagres dos santos participam desse esplendor sem jamais esgotá-lo[163]. Todavia, a questão dos milagres de sua vida antes de tudo nos faz perguntar: existe algum sinal milagroso no evento da realidade e da vida de Jesus *como todo?* Concretamente devemos nos perguntar pela ressurreição de Jesus, que uma vez admitida, constitui *"o milagre por excelência de sua vida, milagre no qual se condensa a autêntica interpretação do sentido de sua vida e para nós surge em sua unidade radical"*[164]. Disso decorre uma reflexão pertinente, embora não se negue a importância dos milagres da vida terrena de Jesus, em seu isolamento categorial, estão mais distantes de nós. E isso, merece

[161] Ibidem., 309
[162] Cf. LATOURELLE, R. *Dicionário de Teologia Fundamental* p. 626
[163] Cf. LATOURELLE, R. *Teologia da Revelação op. cit.*, p. 507
[164] RAHNER, *Curso Fundamental da Fé op. cit.*, p. 313

tal atenção quanto a sua importância e cognoscibilidade, pois, os milagres à luz do milagre da ressurreição por representar apelo direto em razão do seu caráter de resposta a uma questão global de sentido, não devem ser suprimidos da sua vida como se não tivessem acontecido historicamente. Eles são ditos, indubitavelmente, autênticos de Jesus e também citados nas fontes talmúdicas[165].

4.4 O MIRACULOSO NA DIMENSÃO EXPERIENCIAL

Toda a experiência humana é uma experiência interpretada[166]. Daí, dizermos a experiência cristã, por sua vez, acontece na própria experiência humana interpretada num quadro fornecido pela fé cristã. Sempre que experimento o faço interpretando e identificando o experimentado, mesmo que não reflexivamente. Por isso, *"uma experiência mística pode ser incomunicável, inexplicável ou mesmo inefável, mas nunca inidentificável"*[167].

A experiência não é só objetiva, nem só subjetiva. Ela influi na interpretação e a suscita, mas também o quadro interpretativo influi na experiência. A mesma experiência diversamente experimentada por diferentes pessoas configura-se outra. Assim compreendemos a experiência diferenciada da salvação que os espectadores de Jesus fazia diante dos milagres: uns o acolhiam e outros, tornavam-se, cada vez mais, opositores.

O quadro interpretativo funciona como ponto determinante entre certos fundamentalismos e também relativismos. Este quadro *"implica modelos de pensamentos, teoria, valores, sentimentos, expectativas, que constituem a linguagem da época. É o conjunto do que experimento, da interpretação e da linguagem ou quadro interpretativo, condicionados mutuamente, que configura a experiência humana"* [168]. Deve-se dizer que, a experiência enquanto humana, é necessariamente epocal, situada e histórica. Mesmo que

---

165 Cf. Idem.

166 Quanto à complexidade da noção de experiência remeto às pp. 89-92 de MIRANDA, M. F. *A experiência Cristã e suas expressões históricas*. In: ANJOS, Márcio Fabri dos. (Org.) *Experiência religiosa - Risco ou aventura?* SP. Paulinas 1998.

167 Cf. MIRANDA, *A experiência Cristã...* p. 97.

168 Cf. Idem.

diante de uma mesma realidade experimentada, a experiência com ela, quanto a sua expressão, são historicamente condicionadas. A realidade experimentada poder explodir o modelo que a interpretava, pois goza de certa autonomia. Deste modo, corrige, amplia aperfeiçoa, o quadro interpretativo que, a partir de então, fica reinterpretado ou até mesmo substituído[169]. A experiência dos primeiros discípulos com Jesus Cristo revelou a insuficiência do quadro interpretativo veterotestamentário, inadequado para a percepção e expressão da pessoa do Salvador. Vê-se uma dialética entre quando interpretativo e a experiência.

Um outro dado desvelador é que o contexto sócio cultural bem concreto e as situações existenciais, bem determinadas, incidem no quadro interpretativo que também incidirão nas experiências humanas e por fim, nas suas experiências cristãs e suas expressões. Precisar que as experiências humanas diversas produzirão experiências cristãs diversas, devido aos diversos contextos vitais, ajuda-nos a não absolutizar uma expressão cristã inevitavelmente contextualizada e histórica. Somente consideradas assim, as expressões cristãs, poderão ser proclamadas em outros contextos. E conservando certo contato com a experiência nela implícita, mantém sua força mistagógica e sua pertinência salvífica.

Partindo destas considerações, uma interpretação cristã diversa de uma atéia gera uma *outra experiência* da realidade. Aqui pode-se, dizer a realidade não é somente interpretada, mas sobretudo experimentada " a partir de dentro". Da mesma maneira que um pesquisador não só interpreta cientificamente a realidade, mas, realmente faz uma experiência científica.[170]

As tantas experiências humanas que permitem leitura cristã são a base que não segregam a experiência cristã de setores da realidade. O fato é que nesta leitura esta impressa "*uma intencionalidade própria, dirigida à realidade última, que confere ao que realiza esta experiência em sentido último para o sujeito e para toda a realidade*

---

169 Ibidem. p. 98

170 Cf. Ibidem. p. 99

envolvente. Esta é a intencionalidade da fé, dirigida a Deus, revelado e atuante em Jesus Cristo" [171].

Evidencia-se, com isso, a perspectiva própria da noção teológica de experiência cristã em relação a outras leituras de cunho fenomenológico. Do ponto de vista epistemológico, é pressuposto fundamental da Bíblia como também em outras religiões, o que afirma a ação de Deus no ser humano e na história, ainda que não se tenha explicação racional satisfatória para essa atuação. Voltamos, aqui, à idéia de autonomia, da qual, goza a experiência cristã em relação ao quadro interpretativo.

Outra característica básica da experiência Cristã de Deus é que ela é essencialmente cristológica. Dela derivam todas as experiências cristãs de Deus. Pois, Jesus Cristo, o verbo encarnado é uma manifestação única de Deus. De Jesus Cristo poderíamos ainda dizer: ele é o elemento fundamental do quadro interpretativo cristão; o único e exclusivo hermeneuta de nossa experiência cristã. Somente poder-se-á experimentar Deus encarnado, através da fé, em outras palavras, assumindo a existência mesma do Cristo[172].

Nossa fé é apostólica, daí se segue que, nosso quadro interpretativo é oferecido pela Tradição da Igreja, enquanto *testemunho de fé de experiências feitas*. Se consideramos o Novo Testamento como experiências salvíficas originadas no Cristo pelos primeiros discípulos, feitas à luz e na vivência da fé, portanto, interpretadas, vividas e confessadas, devemos redimensionar nossa noção de doutrina dos apóstolos, embora a codificação doutrinal da experiência da Igreja primitiva permaneça implicado, assim com a sua percepção subestimada de meros relatos históricos de fatos acontecidos.

Um segundo constitutivo da experiência cristã é a necessidade de que esta aconteça nas experiências humanas, hoje interpretadas e vividas na fé, nos remeterão a Deus. Surge

---

171 Cf. Idem.

172 É o que S. João da Cruz vai dizer: Diós se reveló todas las cosas em JesúsCristo e despúes se quedó mudo. *Obras completas.* 2S Cap. XXII, 3

uma preocupação a respeito das expressões e modos de pensar condizente com as experiências (humanas) cristãs atuais[173].

O desafio é interposto pela cultura contemporânea. De um lado não é adequado traduzir uma linguagem arcaica numa nova; de outro, a racionalidade instrumental que permeia a cultura hodierna mina as possibilidades de significativas experiências humanas. Neste sentido, faz-se mister posicionar-se criticamente frente ao atual quadro interpretativo (Evangelização do mundo contemporâneo).

Já é lugar comum dizer que há um problema de linguagem. Em teologia, constatamos um problema de expressões que não mais se enraízam em experiências da vida concreta gerando a separação fé e vida tão forte na América Latina. Dever-se-á a teologia propiciar que as experiências cristãs históricas sejam atualizadas pela história que prolepticamente participa de dentro da história do conhecimento escatológico de Deus[174].

---

173 Cf. Miranda *op. cit.* p. 102

174 Cf. MIRANDA, M. F. *Libertados para a práxis da Justiça.* SP, Loyola, 1991, p. 137-143

A modo de Conclusão

Uma visão holística do homem, uma visão cristã autêntica da vida, o desafio colocado pelo sofrimento à capacidade de auto-transcendência da pessoa, as Ciências da Natureza, Humanas e da Observação, as igrejas de cura, são amostras das solicitações que a pós-modernidade coloca diante da reflexão teológica hodierna sobre o milagre. Tem-se assumido a empreitada pensando o milagre, a partir de seu amplo campo semântico, seja por empenho intra-eclesial, seja por motivações externas.

O contexto delineado tranqüiliza-nos quanto ao dever fazer uma conclusão, pois esta será sempre aberta. O presente estudo, portanto, representa uma aproximação ao horizonte construído, depois da entrada, na história dos povos, desta categoria existencial, sócio-política e religiosa, que se denomina milagre.

Logo, no início, estabelecemos um encontro dos milagres Evangélicos com os milagres do Antigo Testamento, os milagres do Judaísmo e do Helenismo. Surge, daí, a originalidade relativa aos dois últimos, em termos de estrutura literária, protagonista, ritual e beneficiários dos milagres. A análise permitiu compreender a herança do Primeiro Testamento impregnada nos quatro evangelhistas pelo midrash de relatos e categorias (V. g. Isaías, I e II Reis Oséias, Jonas, Êxodo, Sabedoria, Salmos e Números).

O milagre nos evangelhos canônicos ganham sentido próprio em cada evangelista, conforme o plano da obra. A dedicação de Jesus, em cuidar da saúde dos doentes, que o impelia a realizar o soerguimento dos paralíticos, purificação dos leprosos, devolução de audição e ressurreição dos mortos, nos permite classificar, com propriedade, sua atividade como terapêutica e taumaturgia.

O cuidado com o outro sofrido faz com que a atividade taumatúrgica de Jesus seja predominantemente terapêutica. Numa esteira religiosa, levando em conta que o religioso e o social para a cultura bíblica é uma única realidade. Os gestos de libertação e de cura são "sinais" da presença benéfica da realeza de Deus, prometida e aguardada para a época messiânica. Os gestos de solidariedade com os pobres, a acolhida dos pecadores são continuação desta época e na expressão joanina são sinais da glória de Deus e do seu compromisso de dar a vida como Cristo e Filho de Deus.

A taumaturgia terapêutica de Jesus vem acompanhado do anúncio da "Boa notícia" está comporta dois aspectos: hermenêutico e relacional. Sua Palavra situa os δυναμις (gestos poderosos) no quadro interpretativo do Reino de Deus. E ao mesmo tempo, estabelece com o doente uma relação aberta para o dom maior de Deus que se encontra no futuro. Mediada pela, condição fundamental para a eficácia salvífica da sua ação.

O quadro interpretativo é essencial para que os milagres não se tornem, de um lado, ambivalentes, diminuídos em seu significado, confusos no âmbito da magia que reifica o "poder" que cura; e de outro, espetáculo de sinais de caráter apocalíptico úteis a um messianismo de empolgação.

Os evangelistas, em especial Marcos, utilizam a técnica literária do Segredo Messiânico com uma função hermenêutica que direciona a significação dos milagres para sua identidade Messiânica. Os gestos taumatúrgicos e terapêuticos de Jesus continuam abertos ao seu cumprimento cabal na ressurreição.

O quadro interpretativo dos milagres é o reino de Deus que recebe maior claridade na relação com três categorias fundantes: a) a Ressurreição, enquanto superação definitiva das limitações e dos males humanos. Tomada como vitória sobre a morte e como dom da plenitude da vida, prometida e antecipada nos sinais e gestos de Jesus.Sem se esquecer que a Ressurreição de fato se cumpre dentro e por meio do gesto de solidariedade radical e de total fidelidade de Jesus, na Cruz; b) A criação, enquanto sinal de antecipação entre a primeira criação e a nova e definitiva criação. c) a relacionalidade, enquanto reintegração das pessoas em suas redes de relações vitais pela dinâmica do amor compassivo e atuante; o envolvimento de Jesus na condição humana desperta para uma abertura ao dinamismo do amor recíproco e gratuito.

Os milagres evangélicos, assim enfocados, permite compreender a pessoa como unitária e dinâmica, aberta para o transcendente; E no mesmo instante, coloca-se-nos no fio da navalha das interpretações, exclusivamente parabólicas e metafóricas dos gestos terapêuticos de Deus; ou como um modelo a ser reproduzido e executado em ações carismáticas de cura.

Na verdade, os milagres de Jesus não ensinam, imediatamente, como superar as limitações e como curar os doentes, mas estimula a vivenciar e a manifestar "sinais" concretos terapêuticos que revelem o modo de agir de Deus, criador e Salvador, como fonte e aperfeiçoamento da vida. Aliás, o estado de sofrimento, no prisma cristão, envolve a luta pela vida, a fidelidade provada e confirmada, a esperança escatológica. O doente, no seu processo de aceitação, juntamente com a solidariedade da comunidade, deve ser reconhecida como testemunho privilegiado do mistério salvífico: epifania do mistério do homem redimido e chamado para a plenitude da vida em Cristo.

Uma visão equilibrada da vida modera a ênfase atribuída aos milagres, a fim de que não se olvide na memória salvífica da inegável Cruz de Cristo. Não raro, os protagonistas de curas se servem dos doentes para se exercitarem no carisma de Cura, desvirtuando o sentido de χαρισμα e mascarado o enfrentamento cristão do sofrimento.

Os milagres nos arremessam para o mundo do sofrimento constituído pela pobreza e pela miséria, mundo que o cristão, consciente do Cristo que liberta fazendo acontecer a nova criação nunca deve se esquecer.

A tradição da Igreja reconhece que os milagres não ficaram restritos à era apostólica, embora historicamente, a sua noção tenha sido polemizada e sua presença em certos ambientes hostilizadas, nos séculos XVIII e XIX. O magistério atual confirmado pelas conquistas da hermenêutica afirma um núcleo histórico dos gestos de Jesus nas narrativas de milagre, de onde jorra a atividade terapêutica da Igreja, nas suas três dimensões: a litúrgico-sacramental, a carismática, e a da vida de fé dos fiéis.

A pós-modernidade é um fenômeno que amplia as dimensões do milagre provocando algumas deturpações, fez-se referência constante ao pentecostalismo e o neo-pentecostalismo evangélico e católico. Aludiu-se às extrapolações da especifica visão teológica da oração cristã; o perigo real da volta ao fetichismo e até ao demonismo extremado, que se desemboca num supernaturalismo fundamentalista. Um autêntico neomaniqueísmo, com boas intenções.

A teologia terapêutica, como é assim chamada pelos seus teóricos, traz para o centro a busca de uma terapia global da vida, que procura basear-se na memória revolucionária de Cristo comprometido em restituir a saúde e a dignidade das pessoas. Enfim, emergem dois imperativos à comunidade de seguidores do Cristo Terapeuta: primeiro, seja este o envolvimento prático, efetivo e significativo, preocupada pela recuperação da sua integridade física e espiritual de tal modo que a oração e a fé da comunidade desencadeie uma experiência de libertação profunda, de restabelecimento do equilíbrio, da vida participada e condividido; e segundo, a comunidade mostra sua face intercessora contrapondo a interpretação técnico-instrumental do valor da vida, principalmente naqueles limites não superados pela medicina, com a proclamação vigorosa da comunhão na luta, esperança e abertura fundamental para a misteriosa vontade de Deus.

BIBLIOGRAFIA

1. DICIONÁRIOS

- BAUER, Johannes B. *Dicionário de Teologia Bíblica.* (Vol. II) 4ed. SP: Loyola. 1988
- BORN, A Van Den. *Dicionário Enciclopédico da Bíblia*. Petrópolis: Vozes. 1977

- EICHER, Peter. *Dicionário de Conceitos Fundamentais de Teologia.* SP: Paulus 1993
- FEINER, J. e LOEHRER, M. *Mysterium Salutis III/5 – O evento Cristo – Os mistérios da Vida de Jesus.* 2ª ed. Petrópolis, Vozes, 1985
- FLORISTÁN, Casiano e TAMAYO, Juan José (eds.) *Conceptos Fundamentales del Cristianismo*. Madrid: Editorial Trotta. 1993
- LASSUS, Jean. *Enciclopédia das Artes Plásticas em todos os tempos – Cristandade Clássica e Bizantina.* Editora Expressão e Cultura, 1966
- LATOURELLE, René e FISICHELLA, Rino (Org.) *Dicionário de Teologia Fundamental*. Petrópolis: Vozes. 1994
- LEÓN-DUFOUR, Xavier. *Vocabulário de Teologia Bíblica*. 2ª ed. Petrópolis: Vozes. 1977
- MACKENZIE, John L. *Dicionário Bíblico.* SP: Paulinas. 1984
- MODEN, Louis. *Sacramentum Mundi – Enciclopédia Teologia.* (IV Tomo) Barcelona, Editorial Herder, 1973
- SCHLESINGER, Hugo e PORTO, Humberto. *Dicionário Enciclopédico das Religiões.* (Vol. II) Petrópolis, Vozes, 1995.

2. BÍBLIAS E COMENTÁRIOS

- Bíblia de Jerusalém. SP. Paulinas, 1985
- BOVER, J. M. e O`CALLAGHAN, J. *Nuevo Testamento Trilingue*. Madrid, BAC, 1977
- FITZMUER, Joseph A. *Comentário Bíblico "San Jerônimo" Nuevo Testamento, I.* (Tomo III) Madrid, Ediciones Cristiandad, 1972
- GIANFRANCO, Ravasi. Dizionario dei Concetti Biblici del Nuovo Testamento. Bolonha, Edizioni Dehoneane, 1989.

- ORCHARD, B. et alii. Verbum Dei – *Comentario a la Sagrada Escritura (Tomo II)* Barcelona, Editorial Herder, 1960
- Tradução Ecumênica da Bíblia – TEB. SP. Loyola, 1994

3. OBRAS REFERENTES AO TEMA

- COUSIN, Hugues. *Narração de Milagres em ambientes judeu e pagão*. SP., Paulinas, 1993 (Col. Doc. do Mundo da Bíblia nº 8)
- FAUS, J. I. González. *Clamor del Reino – Estudio sobre los milagros de Jesús.* Ediciones Sígueme. 1982
- HOORNAET, Eduardo. *O Movimento de Jesus.* Petrópolis: Vozes. 1994
- LEÓN-DUFOUR, Xavier (Org.). *Los Milagros de Jesús según el Nuevo Testamento.* Ediciones Cristiandad. 1979
- PIKAZA, Xabier. *A Figura de Jesus: Profeta, Taumaturgo, Rabino, Messias.* Petrópolis: Vozes. 1995
- SCHIAVO, L. e SILVA, Walmor. *Jesus, milagreiro e exorcista*. SP: Paulinas. 2000
- THEISSEN, Gerd. *Sociologia do Movimento de Jesus.* Petrópolis: Vozes. 1989
- VV.AA. *Os milagres do Evangelho*. SP., Paulinas, 1982 (Col. Cad. Bíblicos nº 16)
- WEISER, Alfons. *O que é milagre na Bíblia*. SP., Paulinas, 1978.

3. OBRAS AFINS.

- _____________. As lógicas da cidade. O impacto sobre a fé e sob o impacto da fé. SP. Loyola, 2001
- _____________. Cenários da Igreja. 2ª ed. SP., Loyola, 1999
- _____________. *Curso Fundamental da Fé.* SP, Paulinas, 1989

- AGOSTINHO. *A Verdadeira Religião* (De Vera Religione). 2ª ed. SP. Paulinas, 1987.
- ANJOS, Márcio Fabri dos (Org.) *Experiência religiosa: Risco ou aventura?* São Paulo, Paulinas, 1998.
- AQUINO, Tomás de. *Suma Teológica - 1q. 75-119.* (Tomo III) Madrid, BAC, 1959.
- CABA, J. *De los Evangelios ao Jesùs histórico*. Madrid, BAC, 1980.
- CALIMAN, Cleto (org.). *Sedução do Sagrado.* Petrópolis, Vozes, 1998
- CNBB. *Orientações Pastorais sobre a Renovação Carismática Católica*. SP, Paulinas, 1994 (Col. "Documentos da CNBB", n.53).
- CNBB. Projeto *"Ser Igreja no Novo Milênio"* Brasília, 2000
- CONCÍLIO VATICANO II. Constituição Dogmática "Gaudim et Spes" (1965)
- CONGREGAÇÃO PARA A DOUTRINA DA FÉ. *Instrução sobre as orações para alcançar de Deus a cura.* SP, Paulinas, 2000.
- CORTEN, André. *Os pobres e o Espírito Santo – O pentecostalismo no Brasil.* Petrópolis, Vozes, 1996
- DENZINGER, Heinrich e HÜNERMANN, Peter. *El Magisterio de la Iglesia – Enchiridion Symbolorum definitionum et declarationum de Rebus Fides et Morum.* Barcelona, Herder, 1999
- FABRIS, Rinaldo. *Jesus de Nazaré – História e Interpretação,* SP. Loyola, 1988
- GONZÁLEZ-QUEVEDO, Oscar. *Milagres – A ciência confirma a Fé.* 2ª ed. SP, Loyola. 2000.
- KEHL, Medard. *A Igreja: Uma eclesiologia Católica.* SP. Loyola, 1997
- LATOURELLE, René. *Jesus Existiu? – História e Hermenêutica*. Aparecida, Santuário, 1989.
- LATOURELLE. René. *Teologia da Revelação* SP, Paulinas, 1985

- LIBÂNIO, J. B. *Teologia da Revelação a partir da Modernidade.* SP., Loyola, 1992, p. 41
- MARTELLI, Stefano. *A religião na sociedade pós-moderna*. SP., Paulinas, 1995
- MIRANDA, M. F. *Libertados para a práxis da Justiça.* SP, Loyola, 1991
- PEREIRA, Leonardo Lucas e TOSTA, Sandra de Fátima Pereira. *Frei Bernardino: um jeito de viver: sociedade, religião e moral.* Petrópolis, Vozes, 2000
- Perspectiva Teológica, *Editorial*, ano XXVIII, n. 76. 1996
- Rahner, Karl. *Lo dinâmico en la Iglesia*. Barcelona, Herder, 1963
- SEGALLA, GIUSEPPE. *A Cristologia do Novo Testamento.* SP: Loyola. 1992.
- SOMETTI, José. *O Maravilhoso: Pastoral e Teologia*. Petrópolis, Vozes, 1992. (Col. Teologia e Libertação)
- SUESS, Paulo Guenter. *Queimada e Semeadura. Da conquista Espiritual ao Descobrimento de uma Nova Evangelização.* Petrópolis, Vozes, 1988, p. 12.
- VALLE, Edênio. *Psicología e Experiencia Religiosa – estudos introdutórios* SP., Loyola, 1998
- VERMÈS, Gèza. *Jesus, o Judeu*. SP., Loyola, 1990

4. OUTRAS OBRAS CONSULTADAS SOBRE O ASSUNTO

- ALFARO, Juan. *Maria – A bem-aventurada porque acreditou*. SP, Loyola, 1986
- CATALAN, Jean-François. *O Homem e sua Religião – Enfoque Psicológico*. SP: Paulinas. 1999.
- DUCQUOC, Christian. *Cristologia – O Homem Jesus – Ensaio Dogmático I.* SP: Loyola 1992.
- LACARRIÈRE, Jacques. *Padres do Deserto – Homens embriagados de Deus*. SP, Loyola, 1996
- MESSORI, Vittorio. *Il Miracolo – Spagna, 1640: Indagine sul piú sconvelgente prodígio mariano.* 9ª ed. Milano, Rissoli, 1999.
- MURAD, Afonso. *Quem é esta mulher? Maria na Bíblia* SP. Paulinas. 1996
- NEWMAN, J. H. *Apologia pro vita sua.* SP. Paulinas, 1963

Printed by Books on Demand GmbH, Norderstedt / Germany